El lenguaje secreto de las

EMO CIO NES

Cómo
descifrar su
mensaje
para calmar
tu mente

LIDIA MARTÍN TORRALBA

W
WHITAKER
HOUSE
Español

EL LENGUAJE SECRETO DE LAS EMOCIONES
Cómo descifrar su mensaje para calmar tu mente

Edición: Henry Tejada Portales

ISBN: 979-8-88769-483-2
eBook ISBN: 979-8-88769-484-9
Impreso en los Estados Unidos de América
© 2025 por Lidia Martín Torralba

Whitaker House
1030 Hunt Valley Circle
New Kensington, PA 15068
www.espanolwh.com

1 2 3 4 5 6 7 8 9 10 11 **ЩJ** 32 31 30 29 28 27 26 25

ÍNDICE

Introducción

UN ACOMPAÑANTE INCÓMODO

Imagina tu vida como un viaje, y ponte en la situación de que todo el tiempo te acompaña alguien que no has pedido, y de quien tampoco puedes librarte. Alguien lo puso allí para hacerte la vida más fácil, pero no lo tienes muy claro ni lo entiendes del todo. Y si ha de ser útil, será necesario descubrirlo como el ayudante que puede y debe ser, y no el estorbo que parece en muchas ocasiones.

Si lo piensas, está allí desde siempre, y parece un hecho que no vas a ir a ningún lado sin este personaje, porque a la salida del tren, hacia tu casa, en el trabajo, o incluso mientras duermes, mires donde mires, ahí sigue... y además «haciendo de las suyas».

Es como tu sombra, pero con una gran diferencia: es alguien que no permanece impasible, sino que te hace conocer su parecer sobre cada cosa que sucede fuera o dentro de ti. Tu acompañante va siempre en silencio, y apenas lo ves, a no ser que prestes atención y realmente compruebes que está allí. La convivencia es plácida porque pasa desapercibida, sin embargo, este personaje es del todo menos discreto. Opina en todo momento y no se conforma con que lo toleres o lo dejes hablar: ¡pretende movilizarte a la acción, y no para hasta que lo consigue!

Podríamos decir que, a ratos, estuvo bien la compañía, y sumó a tu recorrido desde niño:

+ te advirtió obstáculos por el camino;

+ te anticipó algunos peligros, y te preparaste gracias a él;

+ hiciste varias reflexiones interesantes;

+ te animó para ayudar a personas que lo necesitaban;

+ te ha movido hacia donde te diriges hoy;

+ te ha proporcionado algunos de los mejores momentos de tu vida.

Sin embargo, lo más inquietante es que parece tener iniciativa propia, se pasea libremente, y eso no termina de convencerte, por más que te dé buenas porciones de alegría de vez en cuando. Cuanto más lo piensas, de hecho, menos te gusta esa independencia suya, o que en el fondo tú dependas tanto de él. Sientes que no lo tienes bajo control, y en ocasiones eso te parece demasiado peligroso. No pregunta. Es invasivo. Molesta.

En esos momentos, que son muy frecuentes, la verdad es que esa *convivencia* es más bien una *coexistencia* que no resulta tan pacífica como te gustaría, y con la que simplemente te conformas; aunque también a ratos te peleas, porque ya no puedes más y desearías que todo fuera diferente:

- ¿Qué es eso de expresarse constantemente sobre cómo se ve el paisaje de tu viaje, cuando nadie le preguntó?

- ¿Por qué reaccionar ante la aparición de cualquier otro viajero, y más aún si te pones a charlar con él?

- ¡A veces parece un locutor deportivo comentando cada jugada cuando no se le ha pedido!

- Y lo que resulta aún más inquietante: lo hace también ante tus propios pensamientos y sensaciones internas, las que nadie más puede ver o percibir. ¡Es de locos! ¡También sobre eso tiene algo que decir, y no parece que haya nada fuera de su alcance!

Además...

- Te recuerda viajes antiguos, cosa que no siempre te agrada.

- Va más allá de tu propia memoria y remueve entre tus fotos antiguas sin pedir permiso y con poca delicadeza.

- ¿Será que no podrás siquiera recostar la cabeza y mantenerlo un poco al margen para descansar a gusto? Por las noches te molesta muy seguido y provoca sobresaltos en tu sueño, hasta el punto de temer el momento de irte a dormir...

- Muchas veces te has preguntado si no habrá por alguna parte un interruptor que te permita desconectarlo... pero aún no has dado con él, y ciertamente ya hace tiempo que empiezas a dudar de su existencia.

Y ahora piensas: ¿En qué momento he firmado para que el trayecto incluya semejante «amigo»? ¿Cómo hacer para convertir el camino —al menos— en un recorrido algo más plácido, si es que tiene que venir sí o sí? ¿Hay manera de tener a este compañero un poco controlado, o debo resignarme a cada una de sus participaciones sin filtro, a la espera de que un buen día empiece a pedir permiso?

Seguro que ya adivinaste de quién hablo: de tu mundo emocional; y coincides en que estas y otras preguntas son pertinentes... y no siempre solemos tener respuestas que nos ayuden de forma práctica.

Mientras llega una respuesta convincente, ahí sigue el acompañante: permanente y en constante cambio. Está claro que no será un viaje sencillo... pero qué duda cabe que nos conviene aprender a manejar la situación, porque tendremos que intentar convivir —no solo coexistir— hasta el final del trayecto. ¡Y eso es mucho tiempo para ir a ciegas!

Las emociones no son precisamente compañías discretas o calladas, ya lo sabes. Las nuestras quizá tampoco son las que habríamos escogido para viajar, y mucho menos de forma permanente. Diríamos que, en muchas ocasiones, resultan imprudentes, impulsivas e incluso agresivas. Además, tienen que lidiar con las de los demás, que también tienen lo suyo.

Nadie les pidió opinar, pero lo hacen todo el tiempo, y condicionan con ello nuestras acciones a cada paso. Dominar las emociones no es sencillo y muchos dirían (como tú, quizá) que «no le han encontrado el truco», porque no hallamos un patrón para su funcionamiento, el que nos permitiría saber por qué suelo pisamos. Quizá es momento de que eso cambie, ¿no crees?

No hemos pedido que estén con nosotros, pero las emociones vienen en el «*pack*» para cualquier ser humano que funcione con normalidad, y pretenden cumplir con su misión, aunque no entendamos *a priori* muy bien cuál es. Es como si vinieran programadas para hacer lo que hay que hacer, valga la repetición, pero no hay libro de instrucciones. Más bien hay que intuirlo.

No esperan a ser bien conocidas para empezar a funcionar; por el contrario, sucede que aprendemos por ensayo y error, y por eso es clave comprender su funcionamiento certero y lenguaje directo cuanto antes, para que el acompañante sea verdaderamente ese asistente que se pretende, y no un obstáculo como a menudo parece ser.

Ese es mi propósito con este libro: intentar descifrar contigo algunos de sus misterios y, sobre todo, buena parte de su lenguaje, porque aunque nos resulte incomprensible en muchas ocasiones, encierra más lógica de la que nos imaginamos. De hecho, todo en lo psicológico es así, no es un secreto. Solo hay que entender a este inseparable compañero.

Está a la luz del día, no se oculta como piensas, ni está diseñado para despistar. Como todo idioma, sin embargo, necesita ser analizado, comprendido en su lógica interna, estudiado y practicado, con el fin de hablarlo y manejarlo con destreza creciente para desenvolverse cada vez mejor.

Si ya leíste mi libro *La metáfora del bosque*, sabes que este acompañante no puede ser seguido cual brújula que indica el norte. Más bien es una luz roja que nos advierte: "¡Tienes que parar, pensar y tomar decisiones con criterio antes de actuar!". Sin embargo, ¿lo hacemos? Normalmente no, porque no entendemos qué está pasando, ni qué quiere decirnos.

Precisamente para que este proceso sea posible es que quiero contarte algo de ese lenguaje «secreto» que usan nuestros acompañantes emocionales, y solo como anticipo te adelanto la que será la primera lección: no viajas solo con un asistente; llevas a un mensajero contigo, y tiene algo importante que decirte.

PARTE 1

TENGO UN MENSAJE PARA TI

CUANDO LA EMOCIÓN LLAMA A TU PUERTA

1

LA EMOCIÓN: ESA GRAN DESCONOCIDA

Déjame que te cuente que...

+ Las emociones nos resultan familiares porque convivimos con ellas, pero pareciera que las desconocemos completamente en lo que se refiere a su funcionamiento. ¡Eso tiene que cambiar!

+ Vamos a empezar jugando a adivinar qué está queriendo decirte esa emoción que sientes, y leerla entre líneas para moverte con más facilidad y eficacia entre los sentimientos.

+ Para eso, no solo la atenderemos a ella, sino a los pensamientos que la acompañan, usaremos el lenguaje para darles cuerpo y, a continuación, podremos ir decidiendo qué hacer al respecto.

+ Puede no gustarte especialmente el mundo emocional, ¡pero no puedes divorciarte de él! Tampoco abandonarte a ellas sin más en pro de una «buena convivencia». Como en un matrimonio real que pretenda funcionar, habrá que aprender a entenderse para no terminar en una ruptura que nos traiga conflictos.

¡Veámoslo con detalle!

Las emociones son ese acompañante con el que llevamos conviviendo toda la vida, pero con el que no congeniamos aun íntimamente. Más bien solemos mirarlo de reojo, como no entendiéndolo muy bien, y procuramos conectar los puntos para darle algún sentido a las cosas que nos lleva a vivir, pero en ocasiones sin mucho éxito.

CONOCER SIN CONOCER

Desde un punto de vista experiencial, no podemos decir que las emociones nos son novedosas, qué duda cabe. Las vivimos desde el momento de aterrizar en este mundo —probablemente desde un poco antes, aunque no lo sepamos–, y muchas veces conseguimos, tras múltiples intentos, identificar algunos de sus *modus operandi*. Sin embargo, poca gente reconocería ser experta en ellas y entenderlas en profundidad. En ese sentido, seguimos sin poder decir «las comprendo». Esta faceta de nuestra psicología no está sujeta a modas del momento, aunque su manejo se deja influir por ellas con facilidad.

+ A lo largo del tiempo, la gente ha sentido lo mismo, pero la forma de vivirlo, interpretarlo y gestionarlo ha ido modificándose en cada época. La tristeza no se vivía e interpretaba igual en la Edad Media que en el Posmodernismo que vivimos hoy.

✦ La vivencia también es diferente de un lado del mundo y de otro por cuestiones culturales, aunque los cimientos de las emociones —refiriéndonos al sustrato neuronal y funcionamiento general— son comunes en todo el mundo (piensa en la primera reacción de alegría, sorpresa o asco en Japón o en España, Somalia o Guatemala, y no verás demasiadas diferencias, al margen de cómo se gestione después).

Al mundo emocional le pasa lo mismo que al pensamiento o al comportamiento visible, entonces. Estos dos componentes son claves en nuestro funcionamiento psicológico, junto con las reacciones fisiológicas que acompañan todo ello. Al fin y al cabo, nuestro «todo» parece funcionar por partes que procurar moverse de forma coordinada entre sí, y que se retroalimentan e influyen mutuamente, pero son permeables a tiempo y lugar, a culturas y corrientes alrededor. Así que, por si no fuera poco tener que comprender el funcionamiento de las emociones, tendremos que abordar también su interacción con estos otros frentes que componen a las personas, y colocarlos todos ellos, además, en relación con el contexto en que se viven.

Sin embargo, no quiero trasladarte una visión pesimista de todo esto por su dificultad, aunque la tenga, sino que quiero animarte a usar su riqueza (que es la otra cara de la complejidad), para más bien proporcionarte algunos anclajes útiles que te ayudarán a entender cómo funcionan las emociones y de qué forma puedes usarlas a tu favor. Creo que es un buen reto, y seguro que creceremos con ello por el camino.

EL «JUEGO» DE ADIVINAR QUÉ ESTÁ PASANDO

Tu acompañante no solo viaja contigo, sino que te dice cosas, y lo hace en su propio lenguaje, que hay que llegar a entender. Como pasa con cualquier otro contexto comunicacional, a menudo hacen falta traductores e intérpretes que manejen el idioma que habla y escucha, para poder conectarlos y llevarlos hacia un concepto común.

Esto es lo que me encantaría que pasara con este libro: que pudiera ayudarte como una especie de transcriptor —no literal, pero sí orientativo— que te guíe para descifrar algunos mensajes emocionales y poder sacarles máximo provecho, entendiendo verdaderamente qué te dicen.

Déjame llevar la idea un poco más allá:

+ volvamos a ver a las emociones como ese alguien que viaja contigo y te traslada ideas que muchas veces no entenderás, porque la manera en la que se expresa cambia todo el tiempo y parece no seguir una norma concreta,

+ pero ahora imagínatelo también con rostro, brazos y piernas, capacidad de gesticular y en ocasiones hasta voz, para contarte todas esas cosas como en una especie de «juego de adivinanzas» en el que se trata de que identifiques qué está pasando allí.

Si alguna vez has jugado en familia o con amigos a este tipo de juego, sabes que a veces hay que intentar comunicarse (¡y captar el concepto!) usando la mímica, otras quizá símbolos o dibujos, alguna vez se hace con ruidos, y quizá con palabras a las que se añaden limitaciones, como no poder mencionar tal o cual cosa... La cuestión es que quien gana el juego suele ser alguien que aprende a manejarse con todas esas estrategias, y que puede leer entre líneas lo que está pasando por la cabeza del que transmite le idea en ese momento. Esto es, en parte, lo que haremos aquí.

Antes de proseguir, déjame que haga una importante aclaración para no confundirte por llamarlo «juego». La cuestión es bien sencilla: esto no es *Los juegos del hambre*, de Suzanne Collins, o *La larga marcha*, de Stephen King, en que los participantes se jugaban la vida literalmente a cada paso que daban (solo podía quedar uno vivo al final). Entonces, si bien no se trata de algo así, en un sentido sí es la manera en la que transitaremos nuestra vida lo que nos jugamos, así que la apuesta de ignorar estas cosas y dejarlas a un lado es de alto riesgo. Si hay algo que lleva a las personas a las consultas de los profesionales de salud mental son, justamente, las esclavitudes y tiranías, desequilibrios y desórdenes que provocan los malos manejos emocionales. La forma en la que practiquemos este «juego», entonces, lo marcará todo, créeme.

Volvamos, pues, a tu mundo emocional. Te animo a sumergirte en este intento de leer entre líneas y observar a tu compañero de viaje como si fuera una persona real:

+ ¿Qué podría significar que no pare de «hablar», cuando se expresa de esa forma, y de contarte todo lo que quiere hacer en los próximos días;

+ o que, de repente, empiece a tirarte del brazo, quizá sin palabras, para obligarte a levantarte y salir de donde estés, como si no hubiera un mañana?

- ¿Y si, donde siempre estuvo participativo y charlatán, empezara a quedarse como al margen, callado y nada reactivo, como aturdido y bloqueado?

- ¿Cómo reaccionarías si tras una conversación desagradable con un amigo de siempre, ese asistente tuyo se tomara la libertad de decirte, con muy pocas palabras y sin darte ninguna pista más, que tienes que hacer un cambio en tu vida, y lo notas incómodo con esa persona?

- Imagina que, de repente, al fijarte un poco más en sus gestos, no solo te está pidiendo un cambio con palabras, sino que lo ves de brazos cruzados y con el ceño fruncido diciéndote exactamente eso: que algo hay que hacer y es urgente.

De una manera simple y visual, creo que habrás podido identificar en esas «instantáneas» que acabo de describirte, algunas emociones básicas: tal vez alegría, miedo, tristeza o enfado... e incluso bloqueo. Como ves, son hipótesis con las que podemos empezar a dialogar, porque esa lectura entre líneas no son matemáticas, claro, ni teorías científicas confirmadas, pero parece que tiene sentido tener un punto de partida para empezar a comprender qué está pasando en la situación, y de qué cosas nos avisa nuestro «ayudante emocional».

EMOCIÓN Y PENSAMIENTO, LENGUAJE Y ACCIÓN

Al jugar a adivinar qué le sucede a nuestro compañero, ponemos en movimiento cuatro elementos que están en constante baile en nuestra psicología: la emoción, el pensamiento, el lenguaje y la acción.

+ Miramos hacia las reacciones de nuestro mundo emocional (ese viajero no solicitado),

+ intentamos identificar qué le puede estar pasando por la cabeza para comportarse como lo hace (qué piensa),

+ procuramos ponerlo en palabras concretas y frases específicas que podríamos entrecomillar, ya que el pensamiento se vehiculiza a través de palabras (por ejemplo «es peligroso que te quedes aquí»);

+ y tomando en cuenta lo que nos está indicando todo lo anterior (porque todo esto se produce en medio de un viaje, no se nos olvide, y de eso hablaremos), nos movemos para hacer lo que toque.

Nuestras reacciones ante ese compañero de viaje son muchas y variadas, dependiendo de la manera en que cada uno «juegue» a esto:

+ Podemos quedarnos mirando al compañero aturdidos, como no entendiendo nada de lo que le pasa.

+ Quizá nos quejamos de la incomodidad de tener a semejante «loco» pegado a nosotros todo el tiempo.

+ También podemos decidir ignorar lo que hace porque pareciera no tener sentido (lo que no significa que no lo tenga, solo que no lo conocemos).

+ Algunos escogerían llevarle la contraria y entrar en un debate interminable con él, simplemente por lo provocadoras que nos parecen sus posturas; aunque a lo mejor esto pasa porque puede estar dando en el clavo y mostrándonos algo que no queremos ver.

> ✦ Hay quien preferirá ponerle una mordaza para que se calle y deje de obligarnos a participar de este juego absurdo de las adivinanzas,
>
> Y, desde luego, una cosa está clara: no podemos divorciarnos de él. Sé que a veces lo preferiríamos, pero no es posible.

EL GRAN DIVORCIO

¿Qué sentido tiene que hablemos del gran divorcio que existe entre nuestro yo consciente y nuestro mundo emocional, que parece ir por una vía libre, si acabamos de decir que tal cosa no puede pasar? Aclarémoslo, para que no alberguemos ninguna duda de a qué me refiero con esto.

Como sucedería con cualquier matrimonio en el mundo real, podemos estar casados con alguien, pero actuar y vivir como si estuviéramos divorciados. En esos casos las personas se ignoran, procuran hacer como que el otro no existe, se entorpecen en vez de potenciarse mutuamente, funcionan sin comunicarse, sin colaborar, y no dan cuentas el uno al otro... y más allá de que conviven en los mismos espacios, nada indica que realmente sean una pareja.

La realidad es que actúan como divorciados funcionales, aunque no lo estén de verdad, y eso tiene consecuencias de desgaste para ambos, además de que cada uno rema en una dirección distinta que afectará al otro y a los suyos. Cuando nos disociamos funcionalmente de nuestras emociones a nivel psicológico, no estamos tan alejados de un «divorcio» de *facto* que también tiene consecuencias graves para nosotros y los demás.

Volviendo al caso de esa pareja que va sin reglas, como nave no irá a ninguna parte, y continuar así no será una opción saludable, pero quede claro que esto no es un alegato a favor del divorcio; más bien al contrario: es una invitación a la reconciliación entre partes. Es exactamente así como lo propongo para el mundo de las emociones, con el añadido extra de que no podemos renunciar a una parte de nosotros por muy poco que nos guste. Simplemente no puede ser sin consecuencias nefastas.

Sepámoslo o no (y creámoslo o no, también), buena parte de la población tiene un conflicto abierto con lo que siente, tanto en primera persona como en tercera. Este asunto, por cierto, no admite separación de mutuo acuerdo, como pasaría con un procedimiento «amistoso» entre partes de una pareja. Con las emociones, sean propias o ajenas, tienes que llevarte bien si quieres prosperar y tener el equilibrio mental conveniente.

La alternativa donde nos escindimos de nuestras emociones no acaba bien, porque significaría la ruptura de la psique, una especie de esquizofrenia o división de la mente (que es lo que significa el término) por la que —independientemente de lo que sentimos— pensaríamos y actuaríamos, o al revés. Y eso, aunque a veces nos empeñemos, no es posible. Ahí vemos surgir muchas de las disonancias que llevan a las personas a las consultas («actúo de una manera, pero me siento de otra, y lo llevo fatal», «pienso y actúo "verde", pero siento "rojo", y eso no me deja dormir...», etc.).

Las emociones, entonces, no se dejan ignorar, negar, reprimir o tergiversar con mejor o peor intención sin pasarnos una factura bien alta con el tiempo; de manera que haremos bien en identificar claramente y sin ambages el terreno por el que nos proponemos pisar aquí: tenemos que entendernos con ellas.

Eso sí: no de cualquier manera. Esta es la segunda parte que te explico a continuación.

EL FIN NO JUSTIFICA EL MEDIO

¿Qué ocurre cuando se produce esa especie de divorcio *de facto* y no nos llevamos correctamente con las emociones? En mi anterior libro *La metáfora del bosque,* mencioné cuáles podían ser muchas de las consecuencias para uno mismo y el entorno: desconexión, incapacidad para comunicarnos bien y adaptarnos, así como impericia para tomar buenas decisiones y funcionar de manera coordinada a nivel psicológico, por ejemplo, entre otras cosas.

Sin embargo, muchas personas hoy podrían argumentar «perdona, pero yo me llevo excelentemente con mis emociones, porque les digo a todas que sí, y me va perfecto». En esos casos sería interesante comprobar algo del efecto que tal gestión crea en las vidas y sentimientos de las personas alrededor; y dudo seriamente —más allá de que el discurso verbal parezca muy seguro y persuasivo— de que esa «perfección» de la que habla sea tan cierta como dice. Quizá pueda serlo en términos egoístas (aunque tampoco, por razones que más adelante abordaremos), pero ahí no está el norte.

Si trajéramos esto de nuevo al ejemplo de una pareja de carne y hueso, y uno se plegara al otro completamente diciendo a todo que sí, sin filtro ni contexto, e ignorando todo lo demás, no resultaría precisamente lo que llamaríamos un buen ejercicio de convivencia matrimonial:

+ Esto implicaría la decisión de anularse personalmente para dar gusto al otro en todo, algo que, honestamente, no suele ser frecuente; los humanos no somos tan «autosacrificiales».

+ En los raros casos en que se produce, la tendencia es casi a la desaparición de una de las partes (y si volviéramos a lo psicológico, se sacrificaría lo racional y la facción más vinculada al pensamiento, para que los sentimientos gobernaran prácticamente sobre lo demás).

+ Finalmente, tal tipo de situación matrimonial promueve el abuso, el desequilibrio, y la autocracia o tiranía del flanco que se ha hecho más fuerte sobre el otro, porque el poder siempre gusta (¡y también pasaría a las emociones, o a ellas más —si cabe— porque suelen ser expansivas y crecer cuanto más espacio se les da!).

Piénsalo detenidamente: uno mandaría, entonces, y el otro acataría, tanto en una casa como en los sentimientos. Cuanto más espacio le dejamos a las emociones al decidir usarlas como brújula que indica el norte y permitir que nos gobiernen, más difícil se hace comprender, incluso, el planteamiento de usarlas como luz roja. Así las cosas, se nos dificultaría...

+ pararnos a pensar,

+ dialogar con esa otra parte de nosotros que es la racionalidad,

+ notar el contexto en el que estamos,

+ y tomar las decisiones mejores sobre el camino a tomar.

Entonces, parece bastante evidente que «llevarse bien» a precio de servilismo no es la solución, porque esto implicaría rendirse absolutamente ante los sentimientos. Además, seamos honestos: no todo es alegría en el paraíso. Cuando alguien dice que se lleva bien con sus emociones siguiéndolas tal cual y punto, esa no es toda la verdad, y vamos a verlo a continuación.

2

LO PRIMERO ES SER HONESTOS

Déjame que te cuente que...

+ Es muy importante tratar las emociones con honestidad, y comprender que no son engañosas por sí mismas, sino que se prestan a ser manipuladas y mal empleadas precisamente por lo contrario: porque nos desnudan y revelan sobre nosotros cosas que no nos gusta conocer.

+ Veremos cómo la emoción y el pensamiento se retroalimentan mutuamente, pero funcionan por separado, y no deberíamos hacer pagar a las emociones por algo que solo es culpa de nuestra forma de gestionarlas.

+ El autoengaño en el campo de las emociones está mucho más extendido de lo que nos imaginamos. Es necesario perderle el miedo a la verdad, debemos empezar a descubrir (apenas sentimos esa luz roja) que, bien empleadas, las emociones nos apuntan hacia cosas que debemos saber para no terminar autoengañados.

¡Veámoslo con detalle!

Este libro tiene metáforas.

+ En la primera asemejaba tu mundo emocional a un compañero casi hiperactivo que se implica en todas las áreas de tu vida, sin tregua y sin lógica aparente, pero del que además no puedes divorciarte.

+ En esta segunda imagen quiero presentarte a las emociones como mensajeros. Están ahí para decirnos algo, vienen con una «carta» en la mano, y eso tiene que marcar la manera en la que actuamos, porque pelearnos con el cartero cuando no nos gusta el contenido no puede ser la solución.

LO PRIMERO: SER HONESTOS

Acabo de empezar el capítulo con una de las grandes conclusiones de este libro, y es porque puede ayudarnos a identificar hacia dónde nos movemos. Las emociones son un terreno que, por complicado y desconocido para nosotros, nos pone bastante fácil hacer cosas que no se sujetan demasiado al sentido común. Parecen invitarnos más bien al impulso, y si pusiéramos cierta distancia viendo la escena desde fuera, sin cegarnos como protagonistas, admitiríamos que es una locura pelearnos con el mensajero solo porque nos trae una multa de tráfico o una notificación judicial, ¿verdad? Al fin y al cabo, no tiene la culpa.

Si uno piensa con la cabeza, y no solo se mueve por el enfado, el miedo o la frustración, puede distinguir. Así diferencia perfectamente al portador del mensaje del contenido en sí, y eso le mueve a decidir mejor. Casi cualquier emoción puede ser una respuesta legítima y ajustada ante una situación determinada, pero hay que apuntar correctamente hacia dónde dirigirlas. No gobernamos la aparición inicial de la emoción, pero sí lo que pasa después. Si seguimos al corazón, pasan cosas extrañas, como pegarle al cartero.

El primer reto en cuanto a honestidad, entonces, es reconocer lo mal que lo hacemos tantas veces con estas cosas.

Creo que este es un concepto que todos podemos entender y en el que nos podemos ver identificados en más de una ocasión. ¿Quién no ha recibido alguna vez esa respuesta de alguien que dice «¡Eh! ¡No te desquites conmigo!»? Cuando hay emociones de por medio, solemos apuntar mal y disparar peor. Nos ciegan los sentimientos, nos impulsa la sensación de urgencia, y nos faltan la sangre fría y la racionalidad que nos autorregularían. Sin embargo, la buena noticia es que eso se aprende, ¡y para eso estamos charlando ahora mismo!

Por otro lado, esto no es el único punto en el que nos llamaremos a ser honestos respecto a los sentimientos, reconociendo que a veces matamos moscas a cañonazos y que disparamos a discreción sin escoger bien el objetivo. El ámbito emocional es, probablemente, ese en el que la tendencia a convivir con el autoengaño es más elevada, sobre todo en este tiempo en el que la imagen que vendemos es tan importante. Empecemos a hilar fino, sin embargo, porque la mentira es un producto elaborado cognitivamente, no surge automáticamente de manera emocional, y eso requiere una consideración más profunda. Sobre todo, para no hacer pagar a las emociones facturas que no les corresponden.

LA MENTIRA HAY QUE CREARLA

Muchas personas viven instaladas en creencias acerca de las emociones que son pura mentira. No necesariamente se hace de manera intencional. En muchas ocasiones, el engaño llegó primero de fuera (no se coció originalmente «en casa»), pero si se adoptó como aceptable, uno termina conviviendo con ello; y, a efectos prácticos, resulta siendo lo mismo. Intencionalmente o no, lo que no es verdad es mentira, y si la creemos nos movemos por ella.

Hoy nos venden mucho acerca de las emociones, y dista totalmente de la realidad. Está por todas partes, pero si lo compramos todo eso como válido, nosotros estaríamos donde no deberíamos querer estar: «funcionando mal». Desde puntos de partida erróneos no sacaremos conclusiones acertadas. Además, no podemos presentar hoja de reclamaciones en ninguna parte, ni decir «el vecino –o tal o cual red social– me engañó». Las consecuencias serán para nosotros, tanto en lo bueno como lo malo. Es importante, entonces, qué aceptamos como válido.

Si te das cuenta, una cosa es lo que creemos y otra lo que sentimos. En este momento estamos hablando sobre qué pensamos acerca de lo que vivimos emocionalmente —lo cual parece casi un trabalenguas—, y aunque ambos frentes (cognitivo y emocional) caminan tremendamente engranados dentro de nuestra psicología, son «ligas» diferentes.

Con el pensamiento y la emoción, nunca sabemos quién fue primero, si el huevo o la gallina. A veces se da primero la emoción y luego el pensamiento; en otras sucede al revés, pero es clave identificar qué pensamos acerca de las cosas, y que la información que tengamos sea certera, o será muy fácil equivocarnos. Es lo que se llama metacognición: reflexionar pensando sobre lo que pensamos (valga la repetición) y, en este caso, sobre el mundo emocional.

Los sentimientos son de esos temas que ocupan nuestra atención especialmente en los últimos años, y haremos bien en no distanciarnos de la realidad para manejarlos correctamente. De ahí que también intentemos visibilizar nuestros sesgos, nuestras incoherencias, y tenerlos identificados para compensarlos y no terminar andando en círculos. Es lo que intento hacer aquí, no quedarnos simplemente en teoría psicológica, sino intentar conectarlo con otros aspectos de nuestra realidad, como es la histórico-social.

Lo que estamos intentando corregir, que es dar vueltas que no nos lleven a buen término, en cierto sentido ya ha sucedido. No solo con las emociones, sino con la educación, la ciencia, la espiritualidad y otros temas complicados en los que las personas ya no se mueven por información veraz, sino por rumorologías, pseudociencia, filosofía barata y mucho, mucho sentimentalismo. Es lo que más «likes» genera, y con ello sensación de acierto y validación. Parece que el norte está por allí, pero ¿es esto realmente cierto?

Todas esas maneras de reflexionar sobre las emociones que mencionábamos son engañosas, y no nos describen bien el suelo por el que tenemos que pisar. Necesitamos volver a establecer bases sólidas para no perdernos, y así evitaremos terminar idolatrando a las emociones como si fueran lo que no son (el norte); pero tampoco demonizándolas como algo de lo que hay que prescindir (porque las luces rojas nunca deberían ser ignoradas como si no estuvieran diciendo algo). Hay excesos de ambos lados, como vemos, y ninguno es bueno.

Voy a plantear, entonces, un tema clave de forma simple: las emociones, entendiéndolas como esas reacciones casi reflejas que se producen a nivel neuronal cuando algo sucede fuera y dentro de nosotros, no tienen la capacidad de engañar como tal. Pueden ser confusas, parecer incoherentes o resultar difíciles de interpretar... pero no son Maquiavelo. No tienen urdido un plan para llevarnos precipicio abajo, como algunos piensan, ni tampoco están ahí para rescatarnos de las imposiciones externas y alcanzar nuestra verdadera libertad. Simplemente están, y hacen su papel: «saltar» o «dispararse» ante lo que percibimos fuera en relación con cómo lo interpretamos dentro.

Más que engañarnos, entonces, lo que hacen es mostrar qué hay en nosotros, nos guste o no, y a partir de ese momento tenemos que decidir qué hacemos con lo que revelan. Una botella no suena al zarandearla si no tiene algo dentro; y de la misma forma nuestros sentimientos, frente a lo que sucede fuera, revelan cosas que ni siquiera sabemos que albergamos. No siempre son el «líquido» que pensamos, habrá que analizarlo, pero dicen cosas —qué duda cabe— sobre lo que hay fuera y dentro de una persona.

¿Intentaremos entender su mensaje siendo lo más honestos posibles y evitando tergiversarlo a nuestra conveniencia; o compondremos, por el contrario, una argumentación «bien armada» para que el cuadrado encaje en el círculo? Ese sí es un ejercicio difícil, el de resistirse al autoengaño, porque es una costumbre común entre nosotros que se dispara desde la emoción, pero a la que no podemos culpar de ello. Una mentira hay que crearla, y los sentimientos no tienen esa capacidad. Solo disparan nuestra necesidad de cambiar la realidad, y ahí empieza la lucha entre resistirse o sucumbir.

¿QUIÉN MIENTE AQUÍ, ENTONCES?

Las interpretaciones que hacemos sobre lo que sentimos y la orientación que les asignamos serán más y más engañosas conforme mayor sea el intento de amoldar la realidad a lo que deseamos y no a lo que es. Observa cómo funciona:

+ Siento algo,

+ no me gusta,

+ me impele a un cambio,

+ quiero evitarlo...

+ ¿cómo hago para eludir el mensaje?

+ Recreo una realidad diferente con el lenguaje,

+ me doy excusas,

+ reprimo el sentimiento,

+ hago lo que deseo...

+ ¡y el autoengaño está servido!

«Las cosas son como yo las veo, porque lo siento así».

Se acaba de perder la oportunidad preciosa de hacer algo bien distinto. Fíjate en las diferencias:

+ Siento algo,

+ no me gusta,

+ me impele a un cambio,

+ quiero evitarlo,

+ *y aunque podría eludir el mensaje y sentirme mejor en lo inmediato,*

+ *decido invertir un cierto malestar en comprender qué está pasando realmente,*

+ *compruebo que no me muero por ello, supero ese momento inicial que me agobia sobremanera,*

+ *y puedo tomar decisiones para mí y los demás que sean más fructíferas y adecuadas a medio y largo plazo también.*

+ *Las emociones dijeron algo importante sobre mí y sobre el entorno,*

+ *decidí no ignorarlo, aunque no me gustaba,*

+ *e ir con la verdad por delante, con el mundo y conmigo mismo.*

+ *«Esa emoción ha revelado cosas sobre mí que debía saber, y me alegra poder verlas».*

¿Qué te parece? Si te das cuenta, la emoción no es diferencial entre uno y otro caso que te he descrito (los cuatro primeros puntos son iguales). Lo que cambia es la gestión del sentimiento, y apunta en la misma dirección que señalábamos: el engaño no está en la emoción, sino todo lo contrario. Nos desnuda y nos muestra tal cual somos. Por eso no nos gusta. La mentira viene luego a base de capas de «barniz» sobre el sentimiento.

Recordaba una expresión bíblica que se ha entendido bastante mal en general y que ejemplifica muy bien cómo solemos manejar estas cuestiones emocionales, junto con el miedo que nos producen también —o especialmente— en el ámbito religioso. Es esa que dice que «Engañoso es el corazón más que todas las cosas» (Jeremías 17:9a, RVR-60). A menudo —posiblemente con buena intención, pero pésimo acierto para mi gusto— se ha empleado para demonizar esa faceta de nuestra psicología que, sin embargo, entiendo como un verdadero regalo divino.

Como todo, la emoción puede ser bien o mal usada, pero es una maquinaria increíble, qué duda cabe. Esa idea del «corazón» en ese texto no se refiere, por cierto, a los sentimientos sin más, sino que su sentido es mucho más amplio que lo puramente emocional. Tiene que ver con lo que la persona es interna y completamente, habla de una naturaleza torcida y caída, por lo que entran en juego otros muchos factores además del emocional, como son por ejemplo los deseos de cada uno, hacia donde queremos movernos realmente y donde las emociones pueden ser parte del combustible que usamos, pero no lo son todo.

El mensaje, entonces, no puede ser (dentro o fuera del contexto de fe) «no sientas, es malo y te dejarás embaucar», sino «atento con cómo gestionas tu camino, porque es fácil autoengañarse, y más cuando no te agrade lo que sientes».

Sin duda, los seres humanos somos expertos en esto de dejarnos llevar por una buena historia.

UN EJEMPLO DE OFICINA

Veamos ese funcionamiento separado entre lo que sentimos y lo que pensamos con otro ejemplo cotidiano:

+ Te acaban de informar de que has sido relegado a un puesto de menos categoría en tu trabajo.

+ Tus emociones iniciales son desagradables, evidentemente hay sorpresa, indignación, tristeza, enfado, ganas de enfrentarte y de marcharte de la compañía. Puede que sientas odio, incluso, y te asusta. Ninguna reacción te está engañando: muestran cosas feas sobre la situación y sobre ti. Lo que te dicen, sin entrar en demasiados matices, es que pasa algo que quizá debas abordar, y no te gusta.

+ Sin embargo, también hay más sentimientos añadidos, porque tú eres una persona pacífica, mediadora y que no quieres conflictos. No confrontarás la situación porque no crees que compense, y solo pensarlo quizás te crea ansiedad, inquietud y ganas de salir huyendo o dejarlo pasar.

+ En tu interior te dices «Bueno, a menos categoría, menos responsabilidad y menos problemas. No hay mal que por bien no venga», y te repites ese «mantra» que, por otro lado, tiene mucho que ver con el propio planteamiento que el encargado te ha hecho. La idea llegó desde fuera, se te ha vendido como la verdad («lo hacemos por tu bien y lo agradecerás a la larga»), y con mayor o menor consciencia en ello, la has comprado y la integras en tu mente. ¡Ahí ya estamos hablando de cognición consciente, y no de reacción emocional!

+ Ese mensaje es mentira: te han degradado de puesto, y no lo hacen por ti, sino por ellos. No es un favor. Es un discurso elaborado, primero en su cabeza, y luego en la tuya, que terminas casi creyendo. Han cocinado un plato y ahora te cuentan el menú. Ellos lo trasladan, tú quizá lo absorbes para manejar la situación de forma pacífica... pero las emociones no cambiarán porque sí. Seguirán haciéndote sentir mal, porque no engañan. Revelan que sigue sin haber orden en la situación y que conviene un cambio. Las emociones, como ves, están de tu lado, aunque no te gusten.

+ Quizá con lo que te dices se aplaquen un poco tus sentimientos iniciales... pero no por mucho tiempo, porque no has hecho el ejercicio más importante de todos, que es preguntarte, como ante una luz roja, qué está pasando allí: «¿Qué me quieren decir estos sentimientos? ¿Dónde puede estar el norte? ¿Hacia dónde es mejor dirigirme?». O dicho de otra forma, debería pasar que llegaras a plantearte «Con estos ingredientes que veo que tengo ahora, ¿qué plato cocinaré yo y cómo les haré saber del menú que he decidido?».

+ Al no haberlo gestionado totalmente, solo le has puesto una «tirita» a la herida. Parece haber sido tratada, pero la infección está ahí, y volverá el dolor. Solo tienes que pensar en cuán fácil será que a la mínima injusticia que vuelva a pasarte en la oficina, la reacción sea desproporcionada de tu parte y casi ni te reconozcas. Haber desatendido las emociones en el momento inicial por no tomarnos el tiempo de aprender a manejarlas puede hacernos pagar un peaje importante llegado el caso.

Como ves, las emociones se mantuvieron coherentes y no te engañaron. Lo que falló fue el acompañamiento que se hizo de las mismas, y el deseo de evitar el conflicto opacó el resto de la información.

Ellas no te engañarán en un sentido voluntario, porque no pueden. Te seguirán diciendo que algo pasa, simplemente. Mostrarán lo que funciona bien y mal de ti. No indican el norte, recuerda, pero son esa luz roja que no se puede apagar simplemente con un discurso amañado, aunque durante un tiempo pueden quedar silenciadas por él, como si las hubieran convencido tanto como a nosotros. Ellas son mucho más resistentes al engaño de lo que nos imaginamos.

3

UN MENSAJERO LLAMA A TU PUERTA

Déjame que te cuente que...

+ Las emociones son mensajeros, como un cartero que viene a tu puerta y te trae una carta que debes leer para resolver algo.

+ La inclinación de muchos es, más que leerla, eliminar al portador, con la ilusión de que eso resuelva el problema.

+ Es lo que llamaremos un abordaje «tipo unicornio», basado en un funcionamiento del mundo que no es real.

+ Las emociones han de abordarse, y si no se puede solos, no hay problema. ¡Para eso están la familia, los amigos, los profesionales...!

+ Sin embargo, es importante recordar que, en caso de pedirla, la psicoterapia debe ser una ayuda al afrontamiento, pero nunca un recurso para favorecer la evitación.

¡Veámoslo con detalle!

Llaman al timbre, abres la puerta, ¡y allí está el cartero! Normalmente es un señor simpático y agradable, que te trae de esas cartas que a todos nos gusta recibir o que, al menos, no te disgusta leer. Otras veces es un jovencito el que te acerca la publicidad de algún supermercado o evento del barrio que tendrá lugar en breve, e incluso aunque sea irrelevante, no te resulta molesto.

Hoy, sin embargo, el mensajero trae «cara de circunstancias», y cuando extiende su mano sabes que lo que hay en ese sobre no te va a gustar. Es una notificación de Hacienda, y eso no puede ser nada bueno.

NUNCA AGREDAS AL CARTERO

Estaremos de acuerdo en este punto en que cartero y carta no son lo mismo.

+ El cartero transporta el mensaje y es solo un mediador entre el emisor y el receptor.

+ Ni siquiera sabe qué dice el mensaje (contenido), ni opina sobre ello.

+ Se limita a su función: ponerte delante la carta (esta solo es el canal) y seguir su camino hacia el siguiente domicilio.

Sería de locos agredir al cartero o salir en su busca para intentar gestionar lo que el mensaje dice, ¿verdad? ¡Es con el emisor con quien hay que resolver el asunto! Y si hablamos de emociones, se trataría de encontrar el foco, lo que disparó la necesidad de enviar el mensaje, no de pelearse con los sentimientos y hacer que desaparezcan a toda costa.

Si lo analizas por un momento, lo que muchas personas hacen cuando no les gusta lo que las emociones les lanzan, es generalmente una de entre varias de estas opciones:

+ Evitarlas, sin más, mirando para otro lado, anestesiándose o distrayéndose de mirar hacia dentro para no reconocer siquiera que están ahí.

+ Aceptar que están, pero actuar como si no fuera así (sin elaborarlas, en definitiva, ni atender a ellas como a una luz roja).

+ Adornar su significado y tergiversarlo, negando la realidad de lo que expresan o racionalizándolas como sea (por ejemplo «no es que esté enfadado, es que estoy muy cansado y estas cosas me pasan siempre» [que puede ser verdad en otras ocasiones, pero hoy sientes ira]).

+ Procrastinar su abordaje, pensando que el asunto se resolverá solo (al fin y al cabo, «el tiempo lo cura todo», solemos pensar).

+ Pelearnos con ella, intentar que desaparezca a cualquier precio, frustrándonos cuando sigue ahí al abrir los ojos.

+ Generar amargura sucesivamente por su existencia siquiera.

+ Y en lo referente hacia afuera, en el plano interpersonal, disimular como sea, porque la imagen hoy es muy importante, y aunque está de moda defender ser «muy auténticos y libres» en lo emocional, la realidad es que guardamos muy bien nuestros «trapitos» dentro de casa, porque por encima de la autenticidad aún hay una consigna mayor que se impone hoy día: hay que estar felices todo el tiempo, y sobre todo parecerlo.

Si nos lleváramos estas acciones a nuestra escena con el cartero, creo que estarás de acuerdo conmigo en que sería una locura:

+ Empeñarnos en no recibir la carta, solo porque intuimos que no nos va a gustar lo que nos diga.

+ Recibirla, pero dejarla en el aparador de la entrada y no leerla para no saber lo que dice.

+ Orar o rezar para que desaparezca, sin más.

+ Pensar que si la dejo allí suficiente tiempo y no doy ninguna respuesta, el emisor simplemente pensará que se equivocó y lo dejará pasar.

+ Racionalizar una advertencia de Hacienda y convencerme de que esto es en realidad «una estrategia que se usa para hacer ruido y meter miedo», pero que no tendrá consecuencias.

+ Negarles a los vecinos que el cartero pase por nuestra casa, o reducirlo siempre al jovencito que entrega la publicidad.

+ Pegarte con el cartero porque lo «confundes» con Hacienda (si fuera así, lo estaríamos pagando con él, pero distinguimos perfectamente).

+ Prenderle fuego al mensaje y mientras tanto maldecir que las cartas y los carteros existan.

Tú y yo sabemos que una carta no desaparece sin más, y que el cartero no tiene la culpa. También que el mensaje dice lo que dice, y que cuanto más grave y desagradable es el contenido, más demanda una respuesta, y además rápida. Es exactamente lo que pasa con las emociones, y no debería obviarse la locura que representa actuar como hemos descrito.

Sin embargo, la cosa no queda aquí...

ABORDAJES «MODO UNICORNIO»

Vamos a dedicarnos por unas líneas a desarrollar lo que yo llamo el abordaje emocional «modo unicornio». Es decir, uno que pertenecería a esa especie de universo paralelo que nos hemos construido en nuestra cabeza posmoderna en los últimos años, que sostiene que las reglas de funcionamiento son diferentes que las que hemos venido conociendo hasta aquí, y donde todo son unicornios y arcoíris (de ahí la denominación de mi parte).

Allí no solo la gravedad funciona hacia arriba y no hacia abajo, sino que las acciones y omisiones no tienen consecuencias, tampoco en lo emocional. En ese lugar puedes hacer como si las cosas no fuesen y, con un poco de empeño, terminan desapareciendo si lo deseas de verdad.

Es un espacio en el que todo fluye, se puede ser feliz todo el tiempo y donde cada uno impone sus normas, porque es muy importante que seamos libres emocionalmente y que cada uno funcione sin restricciones ni corsés (como si eso no limitara los márgenes de la persona de al lado y no condicionase su bienestar, así como sus sentimientos y reacciones).

¿Nos suena a un discurso conocido? Yo lo escucho constantemente, por ejemplo, en las series de televisión y demás contenidos que consumimos. De ahí ha pasado a la calle sin problema y forma parte del ideario colectivo ya desde hace tiempo. Sobre el papel, debo decir, queda fantástico, pero ese no es el mundo en el que vivimos.

Particularmente con lo que tiene que ver con este tema, el que describiré a continuación es un fenómeno que cada vez «aterriza» más en la consulta de los profesionales de la salud mental, y de manera preocupante:

+ la persona se siente mal,

+ no le gusta la «carta» que ha recibido,

+ y acude al psicólogo con mejor o peor humor

+ *para que el profesional, simplemente, la haga desaparecer.*

Está demás decir que lo que no está bien aquí es el cuarto punto, así que vamos a observarlo de cerca.

LO QUE SE VE EN LA CONSULTA

En algunos de esos casos —los que más me impactan y me llevan a querer dejar la profesión varias veces al año, por cierto—, el paciente entra a la consulta en modo beligerante, con la frustración como bandera, y una mentalidad fuertemente establecida en ese universo paralelo del que hablamos, se exprese con esas palabras o no:

+ Es evidente su dificultad para gestionar las emociones, pero no se hace responsable de ello. La inmadurez se palpa desde la entrada, y su enfado con el mundo también.

+ Deposita la carga en el profesional en el momento en que cruza el umbral de la puerta. El tono es «te ordeno y mando» (y, por supuesto, improcedente).

◆ Solo quiere una cosa y la establece en el minuto uno: dejar de sentirse mal como sea. No le interesa la gestión ni la elaboración emocional. Solo quiere soluciones inmediatas, indoloras, y que además no haya que dar mucha conversación para llegar allí. «El terapeuta —se dice—, si es bueno, ya debería saber lo que me está pasando, que para eso es el profesional y para eso le pago».

◆ La mentalidad de ese paciente es, en cada vez más ocasiones, la del consumidor que tiene grabada a fuego aquella famosa consigna publicitaria que se manejó hace unos años, y que decía «el cliente siempre tiene la razón». Es otra de las derivadas del posmodernismo: «Yo pago, yo mando, y si me tengo que inventar la realidad, me la invento, pero alguien me tiene que resolver el problema».

◆ La expectativa es, además, que «debe haber alguna fórmula» (¡así lo dicen!) que permita hacerlo sin esfuerzo o dolor, con un camino de menor resistencia y que «si no se encuentra es porque el profesional no se ha esforzado lo suficiente, o no conoce su campo», simplemente. Y ya está. Punto.

◆ Este es el paciente hiperexigente que, por cierto, deja muchas veces de lado hasta la más básica educación al seguir a su corazón donde le lleve, y demanda lo que no dio ni en su más mínima expresión. Gracias a Dios no son la mayoría, pero cada vez hay más, y es inquietante. Qué duda cabe que como sociedad estamos cambiando y, como muestra, esto solo es un botón.

En otras situaciones (muchas más que las anteriores, afortunadamente), no hay tan mal genio de por medio, ni esa actitud sangrante por antisocial, sino mucho desconocimiento y un convencimiento bienintencionado —pero desafortunado— sobre cómo funciona el mundo de las emociones y de la psicoterapia:

+ El paciente en ese caso llega sintiéndose muy mal en sus emociones y casi siempre porque lleva tiempo coexistiendo con ellas, pero sin abordarlas intencionalmente. No convive con sus sentimientos, sino que sobrevive como puede a ellos.

+ Al pedir ayuda se le explican sus opciones, que siempre implican un cierto grado de afrontamiento y, por tanto, de malestar. Eso no gusta, y suele notarse en la persona resistencia, principalmente porque alberga una distorsión que está en la base de toda conducta de evitación: «El mal que evito es peor que el que siento ahora».

+ Esto es falso. Trascender esa línea y «arriesgarse» a comprobar que no es así representa el 50 % del avance terapéutico, pero a veces cuesta mucho que esto pase.

+ Una vez que la persona se anima a descubrir que el malestar que evadía es más llevadero de lo que su imaginación le llevaba a pensar, el camino está bastante avanzado y las ventajas no se hacen esperar demasiado, pero notamos en muchos pacientes —que incluso así lo expresan— una expectativa de que ir al psicólogo les iba a ofrecer la panacea, es decir, una solución que no implicara afrontar de cara el problema. Eso nunca sucede así.

Muchas veces las personas no son demasiado conscientes de que piensan como acabo de relatar. No lo expresan, de hecho, de esa manera tan directa, principalmente porque tampoco se han tomado el tiempo para pensarlo y vehiculizarlo en palabras (de nuevo, emoción y pensamiento, lenguaje y conducta). Solo saben que no quieren sufrir, y su estado de ansiedad se agrava por momentos por una cuestión añadida que pondremos ahora sobre la mesa.

CRUZANDO LOS DEDOS

Una de las razones por las que muchas personas ven aumentada su ansiedad en la consulta es porque, por un lado, lo consideran su última opción («o esto sale bien, o no me queda nada más»), pero lo más problemático es que la ven más bien como la *única*. Llegan a la consulta (permítaseme la imagen) «cruzando los dedos», como diciéndose «por favor, por favor, por favor... que salga bien y sin dolor».

Así las cosas, es como si ir a la consulta del psicólogo se estuviera convirtiendo cada vez más en una nueva forma de evitación disfrazada de afrontamiento. Parece que enfrento, pero en realidad voy a que me enseñen cómo evitar el dolor.

La realidad —aunque muchos llegan diciendo que «lo han probado todo»— no suele ser así, porque constatamos a menudo que se ha evitado por todos los medios hacer lo que en el fondo se sabía que había que hacer. Se han intentado diferentes cosas en el mejor de los casos, pero por poco tiempo, porque en cuanto el afrontamiento lleva a molestias, suele abandonarse. Eso no es haber hecho todo —al menos en serio—. Es más bien «picotear» de todo, si se me permite expresarlo así.

En otros momentos, y esto también se extiende cada vez más, cuando proponemos en la consulta el «antídoto» correcto para el «veneno» de esa emoción que está creando el malestar, muchos pacientes te dicen «eso en mi caso no va a funcionar, porque sufro mucho si lo hago. Tiene que haber otra opción, así que sigamos buscando».

Una expresión como esa ya es indicador de un pronóstico bastante preocupante, y entonces los terapeutas solemos darnos cuenta de qué es lo que está, muchas veces, en el fondo de buena parte de las problemáticas en salud mental: una pésima y muy confundida manera de manejar las emociones. Necesitamos reaprender sobre lo que sabemos y abordarlo de manera distinta, porque esta no nos está funcionando, qué duda cabe.

Pocas veces las personas se están deteniendo a preguntarse «¿de dónde viene esto y por qué me siento así?». Hemos sustituido la pregunta por otra mucho más «práctica» (pero equivocado): «¿Cómo me quito este sentimiento de encima?».

Venir al profesional genera todo tipo de sentimientos encontrados:

+ Para algunos es una humillación, y lo evitarán con su vida.

+ Para otros, en el otro extremo, es la única opción, y antes de enfrentarse al problema, optan por ver si el psicólogo (al que consideran casi un mago, así como a los psicofármacos la varita) les da esa solución que resuelva ¡y ya!

No hay duda que la opción más recomendable tiene que ver con un abordaje bien distinto a esto y que plantearemos a continuación.

COMO MUESTRA, DOS BOTONES

Si las emociones son un mensajero y vienen a decirnos algo, qué mejor que dar espacio al diálogo y empezar a averiguar de qué se trata, ¿no crees?

En las aproximaciones problemáticas que hemos visto hasta aquí, la persona tiene un conflicto con el cartero, y quiere que el terapeuta se una a la lucha y lo noquee en su nombre. Eso no puede suceder porque nosotros, como profesionales, no tenemos acceso a tal cosa. ¡Seríamos ricos todos nosotros si pudiéramos cambiar la conducta del otro! Los mensajeros de cada uno de nosotros son, más bien, propios; y solo pueden manejarse en primera persona.

No existe tal cosa como una solución que mate al cartero (porque en tal caso el mensaje e intención de la carta ni siquiera desaparecerían), ni una manera de abordar eficazmente lo que plantea el mensaje que no implique hacer lo que corresponda. Suena a que no hay escapatoria, y en un sentido, así es.

Siempre me acordaré, como primer botón de muestra, de una mujer de unos treinta y pocos que hace unos años llegó a la consulta prácticamente arrastrada por su hermana para que la ayudáramos. Tenía una depresión que se veía a leguas, pero no era nada endógeno o de tipo químico, sino el producto y la consecución de un sinnúmero de decisiones mal tomadas a lo largo de la vida que la tenían sumida en una situación, por una parte, penosa, pero por otro lado, profundamente cómoda para ella a costa de los otros.

Su hermana la traía a consulta porque no podía más: no solo llevaba adelante su casa y a su madre enferma, sino que le cuidaba la niña a la paciente mientras la observaba dormitar todo el día o ver series de televisión hasta altas horas de la madrugada. Al intentar establecer un par de pautas básicas para introducir un poco de orden en aquella situación (del tipo «vamos a comprar el pan cuando regresemos de llevar cada día a tu niña al colegio»), la respuesta era un «debe de haber otra manera, porque eso conmigo no funciona».

El segundo botón se me presentó hace unos días, dialogando con alguien con una ansiedad atroz a hablar en público. De entre las muchas aproximaciones que le planteaba para empezar a trabajar, algunas muy pequeñas como imaginarse a sí misma levantándose en clase y moviéndose hacia el estrado para leer una frase (y ante las que se negaba una y otra vez), todas tenían un elemento común que implicaba malestar. La respuesta no se hizo esperar: «Yo lo que quiero es enfrentar esto sin sufrir. Dime cómo hacerlo».

Lo que decía en realidad era, aunque no lo supiera, «yo lo que quiero es matar al cartero».

4

UN LENGUAJE PECULIAR

Déjame que te cuente que...

+ Las emociones tienen un lenguaje distinto, peculiar, que es por una parte directo, pero también difuso, y eso requiere de nuestra parte aprender a comprenderlo y manejarlo.

+ ¡Que no te confunda su aparente dificultad y termines pensando que funcionan sin orden ni concierto! Nada más lejos que esto.

+ Las emociones, tanto positivas como negativas, traen un mensaje y requieren acciones de nuestra parte. Cada emoción tiene su función.

+ Cuando respondemos coherentemente con su petición —no obedeciéndolas ciegamente, cual norte, sino atendiéndolas, cual luz roja que hay que interpretar— son muy «agradecidas», y lo demuestran devolviéndonos al equilibrio que tanto nos gusta.

¡Veámoslo con detalle!

Recapitulemos lo visto hasta aquí:

+ Las emociones son mensajeros que nos dicen cosas,

+ y lo hacen a todas horas, como un compañero de viaje que viene con nosotros siempre.

+ A veces no nos gustará lo que cuentan (o lo que intuimos que nos pedirán),

+ pero no es cuestión de agredir al cartero si así sucede.

+ Habrá que abordar el mensaje

+ y, sobre todo, entender bien qué quiere decirnos,

+ porque como veremos en este capítulo, vienen envueltas en un lenguaje peculiar.

UN LENGUAJE PECULIAR

Cuando alguien recibe un mensaje, hay varios niveles de aproximación y pistas hasta que entendemos a ciencia cierta qué dice, y todo ayuda, además de nuestra experiencia previa si sabemos usarla bien.

Si hablamos de cartas, por ejemplo, y vemos un sobre rojo en la mano del cartero (parecido a los de muchas tarjetas de cumpleaños), ya sabemos que no es una comunicación de Hacienda. Cuando en el membrete de un sobre blanco encontramos el logotipo de esta administración, por otro lado, sabemos que no escriben para felicitar a nadie, y todo este tipo de «signos» nos predisponen a abordar el mensaje de una forma u otra.

Luego llegará el momento de abrir la carta, leerla con detalle y actuar en consecuencia, previa inquietud o disgusto de por medio. Algunos, por si acaso, con solo ver el sobre o el membrete, lo ignorarán. Ya se huelen de qué será el contenido, y optan por lo que el cuerpo les pide en ese momento, que es mirar hacia otro lado para no atenderlo. Por ahí no está el norte, claro, y es lo mismo que sucede cuando ahora, en una era mucho más digitalizada, intuimos de qué tratará un correo electrónico por el asunto, o por la primera línea de introducción al texto; y hacemos exactamente igual: ignorarlo o, al menos, dilatar su apertura y respuesta si pensamos que requerirá una acción de nuestra parte que no queremos asumir.

Demás está decir en este punto, entonces, que en lo que se refiere a las emociones, en una medida somos bastante cobardes, pero si lo pensamos bien, desde otro punto de vista podemos estar siendo a la vez temerarios. No se ignora una carta de Hacienda sin que haya consecuencias.

Un «pequeño» detalle que nos complica bastante el acercamiento a nuestras emociones de forma correcta es el lenguaje en que se expresan. No es uno definido con palabras que te dice exactamente qué debes hacer con lo que está pasando, ni te dicen a ciencia cierta qué está pasando allí y cuál es el siguiente paso. Hacienda o Tráfico, en ese sentido, son mucho más prácticos, y no dejan lugar a dudas sobre qué se espera del contribuyente o del conductor al que se dirigen.

Con las emociones, si te fijas, tenemos que leer entre líneas, porque no se presentan como un letrero luminoso en el firmamento que nos dice «es por aquí hacia donde señala esta flecha» o «lo que te quiero decir específicamente es...». Sin embargo, su lenguaje peculiar tiene dos características con las que debemos contar si queremos descifrarlo: es *directo* en una parte, pero *difuso* a la vez. Te da una pista clara de partida sobre lo que vives, pero, en otras palabras, no te resuelve el caso.

Veámoslo con las emociones básicas que surgen ante diferentes experiencias, cuyo conocimiento es clave para poder entender el mensaje directo:

+ Algo te genera malestar, reduce tu ánimo... pero hay que averiguar qué y cómo tratarás con ello (es lo que pasa cuando *estás triste*, y ahí tienes, en esencia, el mensaje que te lanza, directo en cuanto a la *insatisfacción*, pero difuso respecto a los detalles).

+ Algo te ha *gustado*, por otro lado sientes *alegría* y querrás repetir... así que averigua qué es, y si te conviene más de lo mismo; porque no siempre es lo mejor, aunque te guste.

+ Se siente un *peligro* cerca... pero debes buscar cuál y qué hacer con él (es el mensaje del *miedo*, y si está desproporcionado o aparece en momentos inadecuados, le llamaremos ansiedad).

+ Percibes *injusticia* y un comportamiento de *alguien* que no te gusta... lo que te lleva a tener que identificar de quién hablamos y qué ha hecho, además de idear un plan para volver al equilibrio (es la emoción del *enfado* o la ira).

+ Si en una situación hay *novedad*, ¡cuidado, por si acaso! Busca la fuente y evalúala: si es algo bueno, disfruta; si es un cambio para mal, mira cómo gestionarlo (es la emoción de la *sorpresa*, que te prepara para actuar).

+ Notas rechazo intenso o *aversión* ante algo... pero el qué y el porqué, además de la decisión sobre qué harás con ello, corre de tu parte (es la emoción del *asco*, y como ves, también tiene componente directo y difuso).

DESGRANANDO EMOCIONALMENTE UNA SITUACIÓN COMPLEJA

Todo esto nos obliga a aterrizar en una cuestión fundamental: que su lenguaje no nos resulte tan definido como querríamos; o que no entendamos bien inicialmente por qué surge cada emoción y qué quiere decirnos, no significa que no haya una lógica detrás de su aparición, mantenimiento, o el mensaje que traslada. Acabamos de verlo de manera general, y a lo largo del libro podremos ir viendo más ejemplos específicos, pero las emociones no son un *maremágnum**. Solo hay que aprender a entenderlas.

Nuestros sentimientos nos colocan un mensaje entre las manos que resulta siempre relevante para tomar el pulso sobre lo que sucede fuera y dentro de nosotros:

+ Responden a estímulos presentes que se desprenden de la situación que vivimos,

+ conectan con escenarios pasados y también con las emociones que generaron,

+ además, nos conectan con nuestro futuro y las incertidumbres que trae.

¡De ahí su dificultad! ¿Se puede decir más con menos?

¿Qué te parece, entonces, si hacemos el ejercicio de desgranar, aunque sea un poquito y por encima, lo que sucede en una situación más compleja, como un duelo, por ejemplo?

---

* Nota del editor: cantidad abundante y confusa de cosas o personas

Ahí aparecen diversos tipos de emoción, cada una con su propio mensaje directo y difuso que contarnos, y se pone de manifiesto esa conexión entre los estímulos externos e internos, además de sus derivadas con nuestro pasado, presente y futuro. Fíjate en lo que podría suceder:

* Cuando ante la pérdida de una persona hay tristeza, ese «mensajero» nos habla de que ha pasado algo importante externamente, y también de lo que sucede dentro: quien estaba ya no está (esto pasa afuera), nos importa que así sea por lo que compartimos con ella en el pasado, claro, pero también nos interesa cómo impactará esto al futuro (y esa es nuestra vivencia interior).

✓ Hemos visto que la tristeza suele hablarnos de cambio (ese es su mensaje directo) y no nos agrada, porque consideramos que lo anterior era mejor.

✓ Los recuerdos, además, se agolpan, traen nostalgia, melancolía y dolor porque no se repetirán, y hacia delante lo vemos todo oscuro, con incertidumbre y un vacío difícil de medir. Son emociones de la familia de la tristeza y del miedo, que también nos dicen cosas.

✓ Que hay cambio es evidente, entonces, y también des-agradable. El mensaje directo está claro, pero... ¿cómo manejarlo a partir de ahora? Esa es la parte difusa en la que hay que invertir tiempo de calidad para enten-derla (lo que llamamos en psicología «elaborar» las emociones).

✓ Este es un tipo de «carta» que no solemos querer abrir, y si la empleamos como brújula u hoja de ruta en vez de una luz roja, nos llevará a meternos en la cama, aislarnos y querer desaparecer. Por ahí, obviamente, no está el norte. Sin embargo, hay más... porque la tristeza no viene sola.

✦ Cuando ante esa misma pérdida, en vez (o además) de tristeza vivimos enfado, también nos da información directa pero difusa: afuera ha sucedido algo, nos importa, pero más que una reacción ante la situación *per se*, lo que tenemos es una reacción *contra alguien*: hay en alguna parte un ente personal al que consideramos responsable de lo que sucede, y esto genera otro tipo de malestar que no solo es bajón anímico o incertidumbres y dudas.

✓ Puede ser contra la persona que no está —a la que a veces se culpa de su propia desaparición—, hacia el «Universo» o, más bien, ira en relación con Dios por permitirlo, por ejemplo, es lo que suele ser bastante frecuente en el sentimiento de muchos. Nos enfadamos con alguien, no con algo inerte, y lo hacemos incluso con nosotros mismos.

✓ Ante esa realidad, la emoción usada como brújula nos lleva a resentimiento, a la amargura... un caldo nada saludable para nadie. Ese no puede ser el norte al que nos dirigimos.

✓ Cuando se utiliza como luz roja, por otro lado, puede ayudarnos a identificar qué lectura hacemos de lo sucedido, si estamos siendo justos nosotros mismos con la atribución de intenciones y culpas, o si, incluso, no estaremos resolviendo con ira lo que realmente tiene más que ver con la frustración de que en este lado del sol las cosas no suceden como nos gustaría.

+ Imagina, en tercer y último lugar, que la emoción predominante ante esta situación fuera un miedo elevado, y no solo incertidumbre.

✓ Pasa algo afuera, sin duda, que además es importante o no habría reacción, pero dentro de la persona posiblemente está bullendo algo más: dudas intensas y preocupantes sobre el futuro que se viene, y acerca de si se será capaz de abordarlo adecuadamente.

✓ El miedo suele hablarnos de un posible peligro, y ese es el mensaje directo aquí. «¿Cómo voy a vivir sin la persona que ya no está?» Averiguarlo poco a poco, mientras nos enfrentamos al dolor, tiene que ver con su mensaje difuso, y descifrarlo lleva su tiempo. Es lo que sucede siempre que hay que componer una nueva normalidad.

Ya ves, entonces, que estos tres mensajeros nos dicen cosas ante un mismo duelo, pero lo hacen en un lenguaje que por un lado es directo y a la vez difuso e inespecífico. Es como si nos dieran la estructura de un árbol, un tronco y unas ramas, pero las hojas las tuviéramos que poner nosotros e ir descubriendo qué aspecto tiene el conjunto total y qué se espera de nosotros respecto a ello.

Llévalo a cualquier otra circunstancia ante la que los sentimientos se despiertan, y podrás hacer un abordaje similar al que hemos hecho aquí:

+ identificar la emoción predominante,

+ preguntarnos por qué ha surgido,

+ y crear una posible hipótesis sobre cuál es el mensaje a tener en cuenta.

Para seguir hablando de esto, permíteme que saque a flote mi lado más *freak*, y eche mano de una película que nos va a ayudar a entender mejor aún a qué me refiero con este enfoque de «directo pero difuso».

«EN OCASIONES, VEO MUERTOS»

Seguramente, al leer la frase que encabeza este apartado has pensado automáticamente en la película *El sexto sentido*, de M. Night Shyamalan (1999). La historia nos relata la situación de un niño profundamente atormentado por experiencias sobrenaturales que empieza a poder gestionar a partir de la intervención de su terapeuta.

Para hacer la historia corta, y sin hacer *spoiler* (aunque un poco, sí... y lo siento de verdad), la clave para la resolución de su situación, consistente exactamente en lo que describe (que en ocasiones ve muertos), pasa por comprender qué le están pidiendo los muertos exactamente que haga, y en qué necesitan su colaboración; de manera que, una vez atendidas sus peticiones, desaparezcan y no vuelvan a molestarle nunca más. Solo cuando el chico cumple la demanda, ellos se tranquilizan y dejan de aparecérsele por cualquier parte.

Salvando las distancias obvias, con nuestras emociones pasa bastante de esto también:

+ Lanzan ese mensaje directo pero difuso del que hablábamos.

+ Cuando nosotros nos ponemos en marcha, al menos, empezando a mover las fichas para responder a esa luz roja de forma operativa, estas reaccionan rebajando su intensidad, como una manera de decirnos que aquello es justo lo que nos pedían que hiciéramos.

A veces no hace falta haber resuelto el problema por completo para que dejen de «chillarnos». Conque noten que estamos en movimiento, empiezan a pasar cosas. No necesitan una solución definitiva, sino que empecemos a buscar salidas. Eso sí, nuestra acción ha de ser sin prisa, pero sin pausa. Las emociones detectan claramente cualquier amago de engaño, y pondré un ejemplo para ilustrarlo.

CAMBIOS NECESARIOS Y CAMBIOS SUFICIENTES

Muchas veces, la primera sesión de terapia genera una cierta liberación en el paciente, y no solo es por desahogarse, como se piensa generalmente. Es cierto que poner las emociones en palabras les da orden y permite que sean más abordables, pero ahí está pasando mucho más que eso:

+ algunos expresan que por haber cruzado la línea de pedir ayuda, parte de su *ansiedad* ha desaparecido,

+ al igual que la *tristeza*,

+ e incluso por primera vez en mucho tiempo tienen algo de *alegría* por lo que se viene por delante.

La explicación de esa mejoría (puesta en palabras que esas tres emociones podrían estar diciéndonos) tiene una parte directa que podría sonar así:

+ «Era peligroso seguir sin pedir ayuda, así que... ¡bien por decidirte a hacerlo!»,

+ «Parece que estás empezando a orientarte hacia los cambios que llevo tiempo animándote a hacer, y eso abre nuevas posibilidades».

+ «Esta sensación de liberación es genial, así que ¡sigue así!».

La parte difusa del mensaje también viene, por supuesto:

+ «Pedir ayuda es solo el primer paso, y ahora hay que seguir indagando para no caer en el peligro de antes».

+ «Tenemos que seguir hasta llegar al cambio suficiente, no solo una pequeña porción necesaria para empezar»

+ «Si queremos mantener esta sensación de alegría, tenemos que ser muy intencionales y no dejar de movernos en la dirección que has iniciado, así que averigua cómo hacer eso».

Esta última parte, la menos específica, suele obviarse con facilidad. Las mejorías iniciales, con su mensaje directo, suelen malinterpretarse en términos de «ya hemos llegado» en vez de «parece que este es un buen comienzo», y eso trae consecuencias. En otras palabras, nos conformamos con facilidad a los pequeños avances emocionales y nos agarramos a ellos como a un clavo ardiendo, pensando «a lo mejor, con esto es suficiente».

La realidad es que no lo es, y en la película que te mencionaba lo vemos con claridad meridiana, por eso me encanta como ejemplo. Al niño no solo le bastó reconocer que en ocasiones veía muertos, ni siquiera entender que no venían a agredirle sino a pedirle ayuda. No pararían de incomodarle, inquietarle o asustarle hasta que no ejecutara el encargo hasta el final.

Nuestras emociones molestas no lanzan su mensaje y se olvidan de ello, sin más. Siguen reaccionando ante cada una de nuestras acciones y omisiones al respecto. Por eso no se conforman fácilmente.

+ Si hacemos lo que hay que hacer, retroceden y se recolocan. Esa es su manera de «felicitarnos» por el acierto.

+ Si las obviamos o simplemente intentamos engañarlas a base de evitar el malestar, en algún momento vendrán con nuevos reclamos, y no será en son de paz. Nada las hace crecer más que ser ignoradas, además de alimentadas.

5

LA LÓGICA DETRÁS DE LAS EMOCIONES

Déjame que te cuente que...

+ Las emociones tienen detrás de sí mucha más lógica de la que te imaginas.

+ Nos lanzan datos y pistas constantemente que nosotros debemos aprender a interpretar y utilizar a favor del crecimiento propio y ajeno.

+ Por supuesto, donde conviven tonos emocionales distintos y a veces contradictorios, tendremos que esforzarnos en escoger muy bien en base al norte, y no solo en función de nuestras inclinaciones y deseos, que pueden favorecer el que nos equivoquemos.

+ No debería desalentarnos que no siempre interpretemos las pistas que las emociones nos dan de la forma correcta, convirtiéndolas en falsas indicaciones hacia el norte. Más bien debería animarnos cada vez más a entender cómo funcionan para conseguir dominarlas.

¡Veámoslo con detalle!

Ya hemos considerado que las emociones, en un sentido, son una llamada a la acción, pero no a cualquiera. Requieren ser detectadas, atendidas, comprendidas y gestionadas de forma correcta, y no solo las que nos resultan molestas o incómodas —esas a las que llamamos «de signo negativo»—, sino también las que nos encantan y parecen invitarnos a seguir en su dirección más y más (como la alegría).

Algunas de las mayores locuras, de hecho, se hacen desde estados de euforia, así que tenemos mucho que analizar y mucho más de qué hablar, porque… ¿son realmente nuestros sentimientos los que nos llevan en esa dirección, o es que nos dejamos movilizar con facilidad aprovechándolos, precisamente?

LEER ENTRE LÍNEAS

Creo que hasta aquí hemos podido ir apuntando con bastante claridad hacia cómo las emociones funcionan de manera mucho más razonable de lo que pensábamos. No surgen de la nada, como quizá creías, ni se mantienen porque sí. Tenemos que aprender a interpretar su lenguaje directo y difuso a la vez, leer entre líneas qué quieren decirnos, y tomar decisiones razonadas.

Usar las emociones como brújula debería estar ya descartado para nosotros después de todo lo que vinimos exponiendo en *La metáfora del bosque* y en estas páginas hasta aquí.

+ Su significado no es «ven por aquí» (aunque a veces nos encantaría que lo fuera y preferimos hacerle caso al deseo y no a la razón),

+ sino «Piensa por qué te sientes de esta forma y toma la mejor decisión al respecto».

Las emociones, bien utilizadas, deberían ser una invitación a usar la cabeza, no a ignorarla o colocarla al final de nuestra lista de recursos. De hecho, más que una buena razón, suelen ser una gran coartada para hacer lo que deseamos y evitar lo que no nos gusta: «Es que lo hago porque me siento así». ¿Ves cómo nos parapetamos tras ella para acometer lo que queremos?

La cuestión es que esta es una de las grandes razones por las que las emociones se demonizan en algunos contextos: confundimos su función o el posible mensaje que trasladan con el uso que decidimos hacer de ellas —pésimo en ocasiones—, y son cosas distintas.

Como no nos señalan el norte, ni mucho menos lo hacen con un letrero luminoso que diga «por aquí es», nos vemos obligados a leer entre líneas y afinar nuestro «oído emocional».

En las disciplinas sociales o humanas, como la Psicología o la Sociología, por ejemplo, aunque no tenemos el nivel de precisión que se obtiene del trabajo con las exactas (Física, Matemáticas, Química, etc.), funcionamos también por medio del método científico, ¡y créeme que ayuda muchísimo como aproximación también a las emociones, por difíciles que resulten de manejar a veces!

Una de sus herramientas más interesantes es la creación de hipótesis de trabajo, es decir, la elaboración de un planteamiento útil para responder a un problema o fenómeno. Quizá no acertemos desde el inicio, y eso solo podremos saberlo con el tiempo, pero es una gran manera de empezar a movernos, ¿no crees?

Eso es lo que sugiero que hagamos con las emociones como luz roja:

+ ¿Qué es esto que estoy sintiendo?

+ ¿Por qué *creo* que mis emociones van en esta dirección?

+ ¿Cuál es el mensaje directo que *pienso* que me están trasladando?

+ ¿Hacia dónde *sospecho* que sería bueno dirigirse para dar resolución a esta situación y volver a recuperar cierto equilibrio?

Si atiendes a los énfasis que he marcado, en ninguno de ellos se habla sino de hipótesis. ¡No son teorías confirmadas! Son aproximaciones con las que podemos empezar a trabajar para seguir observando, a partir de ahí, por dónde «respiran» nuestras emociones.

ATENTOS A CADA PISTA

A partir de esas primeras hipótesis y los movimientos que se deriven de ellas, las pistas no dejarán de sucederse una tras otra, con lo que no podemos dejar de atenderlas o considerar, sin más, que ya esté todo hecho. La hipótesis es solo el comienzo, y ha de ponerse a prueba una y otra vez, hasta poder empezar a llamarla «teoría constatada» y que nos ayude a predecir lo que vendrá después.

No minusvalores, entonces, una hipótesis. Que todavía no haya adquirido el rango de una verdad confirmada no le quita peso específico ni utilidad. Esa primera aproximación puede ser el germen de una herramienta increíble para la lectura correcta de tu mundo emocional.

Nuestro modelo de trabajo, por otro lado, es una simplificación pedagógica que tú debes ajustar a tu caso particular. No pretende explicarlo todo, pero nos ayuda a manejar una parte, al menos, y seguir trabajando en el resto. El tono, la voz, los silencios, las urgencias o los matices de tus propias emociones son únicos, y no pueden ser compendiados en un modelo general de manera perfecta (mucho menos con metáforas parciales).

Lo que sí me anima a compartirte estas propuestas es que —como hipótesis de trabajo que pongo muchas veces en marcha en la consulta— funcionan frecuentemente con muchos pacientes, y lo hacen bien.

Cuando atendemos al mensaje de la emoción y tomamos decisiones racionales sobre lo que nos pide, procurando lo mejor al conocer el norte —eso que nos conviene y no solo lo que deseamos— la reacción de nuestros sentimientos no se suele hacer esperar:

+ por un lado hay un poco de frustración inevitable que aparece al no hacer lo que nos apetecería, sino lo que es beneficioso,

+ y en ese sentido, reconocemos que afrontar una situación incómoda, teniendo en cuenta el mensaje de la emoción, genera cierto nivel de molestia.

+ Sin embargo, tenemos que recordarnos que no estamos sufriendo inútilmente al tomar las emociones como una luz roja y apuntar hacia donde conviene, sino que estamos invirtiendo en equilibrio y estabilidad duraderos, y no puramente efímeros.

El bienestar que conseguimos simplemente evitando lo que no nos gusta es muy escaso. Esa sensación agradable no nos suele llevar lejos. Más bien se agota pronto y la adicción que desarrollamos a estar en la cresta de la ola todo el tiempo vuelve a por más de lo que podamos darle. Lo que aparentó ser el norte rápidamente se constató como lo contrario... ¡pero era tan atrayente...!

¡Cuidado, entonces, con las pistas engañosas! Si actúo al sentirme de determinada forma y el malestar desaparece, ¿lo hace porque estoy evitándolo, o más bien es que estoy afrontando las cosas como debo —aunque duela— y esto es la señal de que debo seguir por ahí?

Aunque ambos bienestares pueden parecer iguales, no lo son en absoluto. Los parámetros que los definen no tienen el mismo ADN y, por tanto, funcionan distinto. El segundo no es tan intenso ni aparece tan pronto. Veámoslo...

DOS BIENESTARES CON ADN DISTINTO

La comodidad suele engañarnos, y la sensación de bienestar también, por razones similares. De nuevo, tiene mucha lógica:

+ las sensaciones positivas, que generan en nosotros alivio y alegría, nos invitan a repetir una y otra vez la misma jugada (ese era el mensaje directo del que hablábamos en el capítulo anterior);

+ pero si no aplicamos raciocinio antes de entregarnos sin medida a reproducir esas acciones repetidamente, podremos estar confundiendo el norte e introduciéndonos cada vez más en un bosque del que nos resulte difícil salir —siguiendo con la metáfora que te compartía en mi anterior libro *La metáfora del bosque*—. Esa era la parte difusa (difícil, y también incómoda) del mensaje de la alegría. No repetir por repetir, sino solo si conviene.

Las emociones, sin filtro racional, pueden ser empleadas de forma engañosa. Ni un mensaje que nos agrada es siempre beneficioso, ni uno que nos disgusta ha de ser ignorado, aplacado o despreciado sin más, por malo que parezca para nosotros. Todo ha de ser puesto a la luz de lo que la realidad indica, y sobre todo del norte, donde está lo que nos conviene.

Eso requiere siempre un proceso de análisis y mirar de frente a lo que sentimos:

+ el agrado que obtendrás de afrontar y elaborar correctamente será más calmado en su aparición que el que se desprende de no abordar (¡inmediato y engañoso!),

+ no supone el subidón de adrenalina que percibe quien siente que se acaba de librar de un «precipicio»,

+ pero proporciona una calma estable y más sostenida que nuestra psique recibe de mejor forma.

Este tipo de bienestar, sin embargo, no está de moda. La gente busca cada vez más emociones como la euforia, el «subidón» constante o la hiperestimulación. Y no se trata de conformarnos simplemente con la ausencia de malestar como objetivo (lo cual sería algo anodino). Hablamos más bien a favor de una emoción positiva que sea algo más profundo y sustancial que simplemente un «atracón adrenalínico» o evadir constantemente lo que no nos gusta. Si comemos siempre salado, por cierto, todo nos parece soso.

La emocionalidad sana, entonces, pasa por:

+ un afrontamiento correcto del malestar necesario (¡nada de conflicto gratuito!)

+ y un disfrute en plenitud (que no necesariamente en «desparrame») de los momentos en que celebramos lo que funciona.

Así aterrizamos en la realidad: conectados, bien comunicados, adaptados a lo que nos rodea de forma saludable para nosotros y para otros, sacando el mayor y mejor provecho de nuestra maquinaria psicológica, física y espiritual... y no aparentando felicidad constante en un mundo paralelo que no tiene puntales firmes en los cuales sostenerse.

ACCIÓN, REACCIÓN, REPERCUSIÓN

Nuestra acción sobre la emoción da lugar a nuevas reacciones, como vemos, y el resultado tiene repercusiones distintas sobre el devenir de los nuevos acontecimientos. Es ley de vida, también en lo psicológico, y un ciclo que no deja de repetirse.

Ignorar este modo de funcionamiento nos lleva a una emocionalidad que, muchas veces, actúa como gato que se pone panza arriba, defendiéndose como puede de lo que es, a todas luces, un mal uso de lo que sentimos.

Volvamos a aplicar la lógica. Las personas no estamos dise-
ñadas para que nos dé igual cómo nos traten, y nuestras emociones tampoco:

+ Si nos ignoran cuando hablamos, provocamos una "revo-
lución" y nos hacemos notar a gritos. Eso mismo hacen las
emociones.

✓ Sucede, por ejemplo, cuando llevamos tiempo desaten-
diendo los avisos de cambio que nos traía esa tristeza
que sentíamos. Si el cambio de circunstancia no era
posible, quizá sí lo fuera la manera de recibirla, pero
si se ignoró lo uno y lo otro por suficiente tiempo, no
debería sorprendernos que luego la tristeza se presente
en forma de cuadro depresivo.

✓ Es también lo que pasará si no le prestamos atención a
ciertos peligros reales de los que nos avisa un miedo, o
si no los desactivamos al comprobar que era ansiedad y
no un riesgo verdadero.

✓ El enfado, por otro lado, se convertirá en resentimiento,
odio, amargura o venganza si no abordamos las conversaciones o problemas que estamos evadiendo... y así
podríamos seguir sucesivamente con otros ejemplos.

+ Si tenemos buena memoria y no se ha hecho lo que hay
que hacer para traer orden a una situación, no nos conformamos con que los demás quieran olvidar, ¿verdad?
Nuestras emociones tampoco lo hacen cuando prosegui-
mos sin más, como disimulando y haciendo que nunca
hubieran pasado por allí.

✓ La tristeza que desatiendes y minimizas sin abordar, suele venir más tarde en forma más insistente, contaminante y expansiva.

✓ De igual forma lo hacen los miedos o ansiedades que no abordas enfrentándote. No les estás poniendo límites, en definitiva, y como haría un líquido, ocupan todo el espacio que tienen disponible mientras nadie se lo impida.

✓ ¿Qué sucede con una injusticia que no se resuelve, o un desorden que no se corrige? No se recolocará de forma espontánea, sino que perpetuará sus efectos, recordándonos que tenemos tareas pendientes.

+ Por otro lado, tal como sucede con las personas o cualquier otro ente vivo, si lo alimentas, crece. Lo mismo pasa con las emociones. Si quieres que un «bicho» desaparezca, no le des de comer:

✓ ¿Cuántas de las cosas que escogemos hacer u omitir alimentan nuestras tristezas y apatías, por ejemplo, en el campo del estado de ánimo?

✓ ¿Y qué sucede con la ansiedad, sin ir más lejos, cuando escogemos evitar lo que tememos, o abordarlo con malos trucos? En lugar de eso podemos optar por enfrentarnos a lo que tememos, que es donde sabemos que está el norte. ¡Claro que la ansiedad convive con la tentación de salir huyendo por miedo! Por eso la emoción no puede ser usada como brújula, sino como luz roja, para poder ponerlo *todo* en la balanza antes de decidir, y no hacer una lectura tendenciosa de lo que estamos sintiendo.

✓ Por otro lado, ¿qué acciones y omisiones eres consciente de que alimentan un enfado, la ira o tu resentimiento? La tentación de criticar, perjudicar o caricaturizar al agente responsable de la situación que vives es inmensa, pero... ¿puedes terminar viviendo las consecuencias de esa acción-reacción-repercusión? ¿Pudieras estar ya allí, incluso?

PISTAS BUENAS, PISTAS FALSAS

Ante lo complejo que es nuestro mundo emocional, no podemos obviar la realidad de que en nosotros conviven a la vez emociones de signo opuesto, y que eso tiene que llevarnos a tomar decisiones que lo tengan en cuenta.

La clave para manejar esto tiene que ver, de nuevo, con el filtro racional que aplicamos y, siguiendo con nuestra metáfora, con tener bien claro dónde se sitúa el norte, aquello que es bueno, lo que nos lleva a crecer, y no solo a evadir momentáneamente. Para llegar a buen puerto, tenemos que diferenciar entre pistas buenas y otras falsas. Las que se alinean con el deseo nos parecerán las mejores, pero ¿lo son de verdad?

Si ante mi tristeza, por poner un ejemplo, me inclino hacia hacerme pequeñito y desaparecer, tendré que poner en una balanza si lo haré o, por el contrario, afrontaré la situación. En ese momento me debatiré, como poco...

+ entre el sufrimiento de lo que ya no puedo ignorar (aquello que no me gusta y querría evitar, pero como el dolor en una operación, es necesario para sanar),

+ y la satisfacción de estar haciendo lo que es bueno para mí (poco motivante en lo inmediato, pero sólido y recompensante a largo plazo).

Qué duda cabe de que...

+ el sufrimiento aparece antes, y de manera muy intensa (¡y nos tienta claramente a que salgamos huyendo!);

+ y la satisfacción se hace esperar un tiempo más, no resultando esto tan adictivo como el subidón de la huida.

Reconozco que la decisión no es fácil, pero no tanto porque no haya lógica aplastante en ella, sino por algo mucho más obvio: aquí no hay opción perfecta. Si la hubiera, sería fácil escoger, pero ese no es nuestro caso, y tenemos que estar preparados para esta dificultad.

6

CUANDO LA BESTIA GOBIERNA

Déjame que te cuente que...

+ Es normal cometer fallos en nuestro uso de las emociones, pero es preocupante observar cuánto nos hemos aferrado al error sistemático de escoger no tratar correctamente con ellas, solamente porque a veces duelen.

+ Detrás de estas acciones hay miedo (otra emoción, final-mente), y no debería marcar el tono de nuestras decisiones.

+ Pensar, sentir y actuar alineados con el conocimiento de la realidad son la base de un buen autocuidado.

+ Como todo sistema que se mueve con cierta coherencia, desatender esto nos llevará a enfrentar facturas tardías que nos costará mucho asumir, porque su efecto es acu-mulativo, creámoslo o no.

+ No hay tiranía mayor que la que nos pasa desapercibida, y la huida del dolor es una de ellas.

¡Veámoslo con detalle!

La vivencia emocional para mucha gente es una experiencia desesperante. No la entienden ni la quieren, y sienten que, en la línea de la metáfora que Jonathan Haidt* usaba en su libro *La hipótesis de la felicidad*, el elefante que son sus sentimientos gobierna sobre el jinete de la racionalidad.

Sabemos quién debería mandar, pero ¿hay una señal más clara de que no estamos en control de nosotros mismos cuando terminamos pegándole al mensajero?

FALLOS Y ERRORES EN EL USO EMOCIONAL

La maquinaria de nuestras emociones no siempre se mueve como debería, pero a veces no es por fallos de funcionamiento, sino por errores en su utilización.

Tal como pasaría en cualquier electrodoméstico —salvando las distancias—, una cosa es un fallo de fábrica y otra bien diferente el error de darle un mal uso al aparato. Tanto es así que, ante una posible reparación en periodo de garantía, la primera situación estaría cubierta, mientras que la segunda no.

De nuevo, entonces, y como hemos venido considerando a lo largo de nuestra reflexión, somos responsables, y las acciones que tomamos respecto a nuestras emociones tienen repercusiones.

No es el objeto de este libro abordar esos casos en los que el sistema falla por condiciones alejadas de nuestra decisión, como sucede en el caso del trastorno bipolar, la esquizofrenia, cuando ha habido daño cerebral, o ante un impacto traumático

---

* Nota del editor: Haidt usa una metáfora de un jinete que cabalga un elefante. La mente consciente es la del jinete y la inconsciente es la mente del elefante. El jinete es incapaz de controlar al elefante a la fuerza, por lo tanto aprender a entrenar el elefante es el secreto de la automejora.

no resuelto, sin ir más lejos. Por supuesto, eso no quita que cualquier persona que sufre estas situaciones y que pueda poner en marcha los enfoques que se sugieren desde este libro, aunque sea en una medida pequeña, obtenga beneficios en la gestión de sus emociones, más allá de alguna condición física o psicológica restrictiva.

En relación a eso, recuerdo el impacto que tuvo sobre mí hace unos años la película *Una mente brillante* (Una mente maravillosa en España, Ron Howard, 2001), cuando vi por primera vez con escena en la que Russell Crowe, interpretaba al ganador del Premio Nobel de Economía 1994, John Forbes Nash. El personaje intentaba sobreponerse a las alucinaciones que le imponía su esquizofrenia paranoide, por lo que le preguntó a una alumna si ella también veía a esa persona que lo aborda en los pasillos, como para asegurarse de no estar hablando con un producto de su imaginación.

Sin duda, fue una manera gráfica y directa de mostrarnos cómo, incluso en condiciones verdaderamente adversas psicológicamente, algunas personas escogen lo poco o mucho con lo que cuentan para ir más allá de ese perímetro limitante que les marca su situación biológica, trascendiendo lo previsible.

La biología establece unos condicionantes muy evidentes, esto tiene especial sentido cuando tenemos en cuenta que el fenómeno de la plasticidad neuronal y el poder del entrenamiento en nuevos hábitos a partir de decisiones intencionales para mejorar, pueden redibujar los márgenes del horizonte de algunas personas también en lo emocional.

Por supuesto, han de cumplirse unos requisitos mínimos. Por poner casos muy extremos, alguien que está en coma profundo no puede tomar la determinación —al menos, que sepamos— de mejorar el manejo de sus emociones, ni resulta sencillo decidir y generar autocontrol cuando se tiene daño cerebral en determinadas zonas implicadas en esas funciones. Sin embargo, si en alguna medida —y porque la circunstancia no sea tan extrema— se atisba que estos contenidos pueden hacer una aportación a la vida emocional de la persona, bien valdrá la pena intentarlo, más allá de lo humanamente esperable. No sería ni la primera ni la última sorpresa que nos llevaríamos al respecto, como sucede en la película.

Esto pasa, por ejemplo, en depresiones endógenas (que no son puramente reactivas al ambiente, en las que la química tiene un peso específico muy importante), o incluso en bipolaridad y otras condiciones psiquiátricamente severas como estas. Quizá no podrá lograrse con la aplicación de estas propuestas un resultado tan obvio como en contextos más favorables, pero sí es posible ver una mejoría cuando se es intencional en cuidarse de esta forma. Lo biológico solo es una parte del todo.

AUTOCUIDADO EMOCIONAL

Los sentimientos son un ámbito demasiado importante y presente en nuestras vidas como para no aplicar en él buenas prácticas. Pasa igual con el descanso, la alimentación o el ejercicio físico. Estos frentes están, precisamente, muy de moda hoy, y a ello se está incorporando últimamente el de la salud mental y las emociones.

Lástima que cuando se abordan estos y otros temas psicológicos —como pasa también con la alimentación y el ejercicio físico—, los contenidos están cargados de desinformación y datos sacados de alguna extraña chistera, y nada tienen que ver con la manera en que funciona el mundo en realidad. Simplemente se empaquetan bonito, suenan bien, pero a la hora de la verdad no resuelven las necesidades prácticas ni nos permiten crecer.

Si queremos autocuidarnos en este ámbito, tenemos que dejar de lado cualquier mala costumbre al respecto, y empezar a hacer responsablemente lo que toca:

+ recibimos al cartero,

+ tomamos la carta como lo que es, un mensaje que no muerde, aunque duela mucho;

+ abrimos el sobre y leemos el contenido para procesarlo,

+ reconocemos nuestras dificultades para manejarlo, si es el caso;

+ pedimos apoyo o acompañamiento cuando es necesario,

+ y actuamos en consecuencia, nos guste o no la emoción en cuestión,

+ pero seguimos.

Así las cosas...

+ no agredimos al cartero,

+ tampoco intentamos que el mensajero desaparezca cuando no nos agrada el remitente o lo que nos cuenta.

+ No nos autoengañamos diciéndonos que la carta no dice lo que dice,

+ ni la dejamos en la mesa para que el tiempo pase y se resuelva espontáneamente.

+ Escogemos intencionalmente ser honestos hacia fuera y hacia dentro

+ y no disfrazar la realidad ni acomodarla a nuestro gusto,

+ tolerando el malestar que eso supone,

+ y comprendiendo cada vez más y mejor lo que sucede en nuestro mundo emocional.

Autocuidado significa, como consecuencia:

+ que nos damos la oportunidad y el privilegio de ser personas,

+ seres humanos a quienes las cosas les importan,

+ que cuando tienen que llorar, lloran;

+ y que si toca patalear, patalean.

+ Gente que sabe que hay un tiempo para todo bajo el sol, y que a veces se ríe, se construye, y se recoge, pero otras veces hay lágrimas, destrucción, siembra y trabajo duro.

+ Decidimos no fustigarnos por sentir dolor ante lo que daña,

+ escogemos ser resilientes a través del sufrimiento necesario,

+ y establecemos que procuraremos dominar la situación a base de enfrentarla, y no que nos domine mientras salimos por la puerta de atrás.

Todo esto se produce en un diálogo interno que es la tarea de toda una vida, y por la que necesitaríamos tres más, seguramente, para tenerla controlada completamente.

Nadie tiene un dominio absoluto sobre sus emociones, pero cuesta más cuando difuminamos la realidad, y nuestro pensamiento y lenguaje tienen mucho que ver con ello. Cuando distorsionamos nuestra interpretación del mundo y empezamos a creer que las cosas son diferentes de como son, las emociones hacen su intento por ser coherentes con lo que se está pensando o diciendo, y empieza a fallarles el sensor que las convierte en algo funcional. No tardarán en dar problemas, pero al principio no se ve.

UN SISTEMA COHERENTE

Las diferentes áreas que componen nuestra psicología (conducta visible, pensamiento, emoción y fisiología) intentan, en general, funcionar a través de cierta coherencia interna.

Es una forma bastante obvia de autopreservación y lo único que permite, en un sentido, es que el individuo avance. Lo contrario generaría una escisión interna, y muy posiblemente trastornos psicológicos en el individuo.

Cuando actuamos de una manera, generalmente es porque sentimos y pensamos coherentemente con ello. Nadie pega una bofetada a un chico ante un mal boletín de notas si piensa a la vez «¡qué orgulloso estoy de este niño!». Si su interpretación de las calificaciones fuera esta, de hecho, costaría sentirse mal al respecto y, por supuesto, la conducta agresiva no se daría, sino seguramente una felicitación.

Llevamos tiempo como sociedad diciendo «No hay dolor», actuando como si nada, proyectando postureo en redes sociales, vendiendo una felicidad y plenitud constantes que decimos y no creernos (¡quién no sabe que las redes son mentira!), y que, sin embargo, hacen decaer el ánimo de cada vez más espectadores, porque en el fondo le damos cierta credibilidad a lo que otros nos cuentan sobre ellos, el mundo, y acerca de lo que deberíamos pensar y sentir.

Esto ha hecho, como consecuencia aparentemente imparable, un «efecto gotera» sobre nuestra autoestima y enfoque de vida, además de que sigamos sin saber gestionar bien los «tsunamis emocionales» que esta forma de vivir provoca.

Esto se percibe en ciertas reacciones que, tristemente, resultan cada vez más frecuentes y extendidas entre nosotros:

- *solo aceptamos* sentir emociones agradables, pero rechazamos como a la peste cualquier malestar necesario para afrontar la vida y hacer los cambios pertinentes. Involucramos una alta cantidad de esfuerzos en tener las emociones «controladas» a base de *eliminarlas y disimularlas*. Luego —como pasa con los niños y los animalitos cuando pretendemos que se callen o que aguanten un tiempo con el disfraz puesto— rápidamente y en cuanto pueden se zafan del corsé y muestran su cara más ingobernable.

- Cuando se opta por manejarlas (en vez de anularlas o negarlas, porque todo el mundo sabe, al menos en teoría, que eso no se debe hacer), la manera de hacerlo es mediante una *distorsión* del concepto de autocuidado, transformado hacia algo que se podría concretar en una frase del tipo «yo me llevo muy bien con mis emociones porque no les llevo la contraria. Son mi brújula». ¿Seguro que eso ayuda? Si no te llevan a un buen lugar, sospecho que terminas en uno malo.

Cualquiera de estos abordajes que planteamos tiene final dudoso:

+ En el primer caso, porque no responde a cómo funciona el mundo. La vida está llena de claroscuros, estos determinan que un sistema de reacción ante estímulos como el emocional humano, también tenga estos claroscuros. Si lo de afuera es cambiante y nuestras interpretaciones también, evidentemente los sentimientos no permanecen estáticos.

+ En el segundo, aunque en parte hemos aprendido que no se deben eliminar las emociones como forma de gestión, se ha confundido controlar y ajustar (ambas acciones positivas) con negar y reprimir (cuando no son lo mismo), de manera que la alternativa consiste en ir «donde el corazón nos lleve», sin más, y eso no es autocuidado. Para muchos hoy, si manejas tus emociones significa que eres un «reprimido», lo cual me suena mucho a aquel famoso «camino de los listos» y «camino de los tontos» de que hablamos en mi anterior libro *La metáfora del bosque*.

El norte implica contactar con la realidad y ajustar nuestros miedos y sentimientos de huida para poder vivir la emocionalidad desde un cuidado total de nuestra psique. En el fondo estos miedos habitan bajo estas dos aproximaciones: la de anular las emociones negativas y la de seguirlas sin más. Así las cosas, el autolavado de cerebro al que venimos sometiéndonos estos años para sentir diferente no nos está ayudando.

FACTURAS TARDÍAS

En el mundo emocional también se pagan facturas atrasadas. Son esas que parecen no existir al momento de tomar decisiones, pero que más adelante se presentan para «sorpresa inexplicable» de quienes tienen que pagarlas.

El miedo al dolor nos ha llevado a la temeridad de inventarnos una falacia emocional. Lo que a algunos les parece que les está funcionando, más tarde será un peaje inevitable:

+ Nos encanta seguir a las emociones positivas hacia donde nos lleven, repitiendo y repitiendo, sin medir que sea lo conveniente.

+ Por otro lado, ante el dolor, lo evitamos como mecanismo de respuesta, disfrazándolo de dominio sobre la emoción y diciendo «yo decido no estar triste, porque mañana ya no estamos». Sin embargo, a veces toca estar triste.

+ En ese momento parece la respuesta ganadora («¡eso sí que es exprimir la vida!», nos decimos).

+ La realidad, sin embargo, es que esto no acaba ahí: viene luego con más fuerza. Esto es conocido por todos, aunque decidamos enterrarlo en la parte más alejada de nuestra conciencia.

Cuando se impone la realidad con sus razones en forma de depresión «que no entendemos», por ejemplo, o con caos como consecuencia de no afrontar a tiempo lo que tocaba en ese momento, todo nos parece ajeno, inconexo, ilógico... pero nunca fue así realmente.

Quizá nuestras emociones aceptaron en ese momento —y solo por aquella coherencia interna psicológica que mencionábamos— el experimento temporal de quedarse al margen de opinar y no mostrar su luz roja en forma de aviso. Ahora lo hacen, pero ya no hay margen de pensar, solo de actuar, y eso es peligroso.

Ante una realidad aplastante (porque la gravedad aquí siempre funciona hacia abajo), y a pesar de nuestros intentos conscientes por pensar y actuar diferente para dejar de sentirnos mal, la emoción se revuelve como animal acorralado, manifestando cuán dañada se siente por nuestra mala gestión y la falta de gallardía para aceptar la vida como viene. Todo esto con sentimientos dolorosos incluidos.

+ Esto aplica a las cosas aparentemente pequeñas del día a día («voy a distraerme en Netflix» mientras luego digo «no lo disfruté porque sabía que tenía que estar estudiando, y ahora tengo menos tiempo»).

+ Y también aplica los grandes dramas emocionales que nos aquejan («decidí no abordar el duelo para no sufrir, y ahora que vuelvo a pasar por algo feo me he roto completamente»).

Estos efectos acumulativos no son buenos. Nos hacen más frágiles y susceptibles de ser dañados por cosas ínfimas, y en esos momentos, aunque no parezca, la bestia gobierna, y más que nunca.

UNA ESCLAVITUD SUTIL

Las tiranías más finas son justamente las más difíciles de superar, principalmente porque nos cuesta identificarlas.

Al mencionar en el título de este capítulo la escena en la que las emociones nos gobiernan, quizá nos imaginábamos a alguien arrebatado de ira, frustración o desespero, y lanzando objetos al aire desquiciado por sus propios sentimientos. Esa, sin duda, sería una de las posibles manifestaciones de que no se pilotan correctamente las emociones. Sin embargo, no es el escenario que más me preocupa.

El que resulta especialmente difícil de revertir es otro en el que las personas creemos que lo estamos haciendo fenomenal, cuando en realidad solo hemos encontrado una fórmula que *disimula* mejor nuestros miedos, pero no los *resuelve* realmente.

+ ¿Por qué tanto pánico al mensaje directo de emociones?

+ ¿Será incomodidad por tener que abordar su encargo difuso de investigar?

+ Nadie en su sano juicio disfruta sufriendo, pero ¿por qué esa obsesión en creer que si afrontamos el dolor y las raíces de nuestro sentir, sucederá lo peor?

+ ¿Cómo y cuándo nos hemos plegado de forma tan aparentemente irreversible a una visión extremista de las emociones que deja fuera entenderlas, solo porque nos caen mal en ocasiones?

Tenemos que llegar a un mejor destino que este, y para eso nos hace falta una nueva metáfora. Te la presento a continuación.

7

¡A COCINAR EMOCIONES SE HA DICHO!

Déjame que te cuente que...

+ Vamos a ver este asunto desde una tercera metáfora: la que tiene que ver con afinar el paladar y detectar cuáles son los ingredientes que componen algunas de nuestras experiencias emocionales complejas.

+ Para ser un buen cocinero hay que entrenarse en el arte de hilar fino, y así pasará también con nuestras emociones.

+ No tardaremos mucho en descubrir (a menos que nos acerquemos lo suficiente y nos hagamos preguntas) que hay un elemento que subyace en esa evitación de las que no nos gustan, en el impostado que lanzamos hacia fuera, y en muchas de nuestras reacciones defensivas: el miedo.

+ Incluso a la hora de experimentar sentimientos positivos lo hacemos —más de una vez— desde ese planteamiento. Algo tiene que cambiar en nuestra cocina, ¿no te parece?

¡Veámoslo con detalle!

Es normal que el mundo emocional nos dé miedo. Nadie quiere sufrir, y ya hemos aceptado que no todo serán alegrías, así que necesitamos salidas para este callejón en el que nos sentimos a veces.

Y las que habíamos escogido no funcionan:

+ Querríamos que nuestro *acompañante-locutor* se callara — al menos a ratos— y eso no suele pasar. Si sucede, estará fuera de nuestro control, y si lo amordazamos a propósito para asegurarnos, se revolverá y empeorará todo.

+ Desearíamos no recibir ciertos mensajes, pero el *cartero* no tiene la culpa, y no podemos seguir peleándonos con él. Si ignoramos esa carta de Hacienda que nos trae, por otro lado, la previsión es oscura. La deuda irá aumentando y no querremos pagarla.

+ Si teníamos la esperanza de que congraciarnos con las emociones al elevarlas a la categoría de brújula nos resolvería el problema, ya hemos visto que esto más bien nos desvía del norte, sumiéndonos en un bosque emocionalmente oscuro. Son una *luz roja* que debemos atender, pero no obedecer ciegamente.

Solo nos queda una opción más y te propongo estudiarla: *cocinar el mejor plato posible* con los ingredientes que tenemos.

¿QUÉ TIENES EN LA DESPENSA?

Sé que no nos suele gustar hacer inventario. Ya ves que no hay opción perfecta, pero esta es una en la que los riesgos y molestias al menos son asumibles y no implicarán patología mental, ni a corto ni a largo plazo.

Comprendo que nos dé miedo:

+ ¿Y si lo que hay no nos gusta?
+ ¿Y si no sabemos cocinar con ello?
+ ¿Y si es cierto lo que dicen… «si lloramos mucho podemos provocarnos una depresión»?

«¿Y si…?» es la «pregunta cáncer» de la ansiedad, y no nos ayuda en nada en este momento. Mirar a la despensa es molesto, da miedo en este caso, pero se hace necesario para saber si podremos cocinar determinados platos, y nos permitirá componer también algo muy importante: una buena lista de la compra con lo que nos falta.

Si no sabes qué tienes y qué no, poco puedes preparar, y por molesto que sea como tarea, nadie se muere revisando los armarios. Lo vivimos en nuestra mente como un momento horrible, pero llega ese instante y somos capaces. ¡Mucho más de lo que nos pensábamos! Solo que no solemos comprobarlo porque evitamos llegar ahí. Entiendo el valor de la improvisación que algunos argumentarán, de procurar ser más «fluidos». Solo te pido que pienses en cuánto improvisaría un *chef* para una comida importante. Quizá nos diga que la fluidez será mejor en casa, pero no en su restaurante.

A propósito de aprender a crear nuevas oportunidades, puedes leer mucho más sobre este símil de la despensa y nuestra lista de la compra en mi libro *Psicología del cambio: preparados para un nuevo comienzo*. Sin embargo, permíteme llevar esta metáfora culinaria un poco más allá.

¿QUÉ TE DICE EL PALADAR?

Los buenos cocineros no solo preparan buenos platos. Han desarrollado, además, un excelente paladar para detectar los sabores implicados en cualquiera de las *delicatessen* que prueban, y eso es lo que queremos para nosotros en el plano de lo emocional. Es, de hecho, lo que trabajaremos juntos en lo que nos queda de libro.

Ellos saben no solo si el gusto es salado, dulce, ácido o amargo (¡algunos hablan incluso de «umami» refiriéndose a ese sabor particular que tienen algunas carnes, quesos curados o los alimentos ricos en glutamato!), sino que además identifican ingredientes concretos, algunos francamente difíciles. Llevándolo aún más lejos, los expertos se permiten jugar con las texturas, profundidad, equilibrios, cruces entre sentidos, y muchos otros elementos, que marcan la diferencia entre un aficionado, un buen cocinero o un *chef* profesional que hace cocina de autor.

En el plano de lo emocional, nosotros deberíamos querer ser *pro*, pero si nos pusiéramos a evaluar honestamente qué está pasando con base en nuestro conocimiento y profundidad sobre este terreno, muchos tendrían que reconocer que se estarían muriendo de hambre. Como mucho, van «salvando los muebles» si la cosa no es muy difícil («me siento bien» o «me siento mal»), pero en el momento en que llega una situación un poquito más compleja, el asunto les desborda y no sabrían «ni freír un huevo en la cocina» (mucho menos interpretar los sabores y hacer «cocina de autor» con las emociones).

No pretendo plantear que a partir de este libro salgamos convertidos en *chefs*, pero debemos poder hacer algo más que freír un huevo o preparar un bocadillo. Vivir plenamente significa mucho más que estar en «modo supervivencia». Ojalá esto sea una herramienta que empiece a despertar en ti el deseo y la expectativa de aprovechar más y mejor el universo de las emociones, porque van a acompañarte el resto de tu vida, como la necesidad de comer bien.

Todo sabe muy distinto cuando las emociones se gestionan correctamente, y empezaremos a entrenar el paladar para poder distinguir adecuadamente conforme nos vayamos metiendo «en harina», aumentando nuestras posibilidades como cocineros.

A veces, al intentar diferenciar nos daremos cuenta de nuestras limitaciones y dónde tendremos que poner un extra de entrenamiento. ¡Eso es magnífico, no una razón para tirar la toalla! Otras veces tendremos que aceptar, como le sucede al daltónico con ciertos colores, que nos cuesta distinguir entre sabores... pero, de nuevo, nada de esto debe desanimarnos. Más bien al contrario, debe animarnos y entrenarnos hasta diferenciar, en la medida de nuestras posibilidades, cada día más y mejor.

Seguramente todo esto te recuerde a la propuesta que te hacía de manejar las emociones como una luz roja ante la que debemos preguntarnos «¿por qué se enciende ahora y qué está queriendo decirme?».

Imagina que esto también sucede en tu coche:

+ Si se encendió porque sí, quizá hay que afinar el sensor. Podría estar estropeado o haberse descalibrado.

✦ Si detectó una avería, nos conviene repararla, aunque cueste dinero y esfuerzo hacerlo.

✦ Si más bien fue un aviso preventivo, nunca está de más haberlo atendido, para evitar riesgos innecesarios. Quizá algún día el peligro sea importante, o el cambio solicitado sea urgente.

Y esto, que quizá hasta ahora nunca habíamos hecho por desconocimiento o cierta ansiedad, podría convertirse con su uso y repetición, no solo en una buena costumbre, sino en una segunda piel. Una a la que agradeceremos mucho haber desarrollado cuando lleguen los momentos más complejos de nuestra vida. La clave, como ves, es tener bien calibrado el sistema y que no deje de funcionar por falta de uso o malempleo. Nuestras emociones también están sujetas a «averías», pero no es cada vez que nos sentimos mal. Si detectan algo fuera o dentro que debe abordarse, deberíamos hacerlo; y si fue una falsa alarma, no nos sobrará haber mirado, aunque sea por si acaso, porque es mejor prevenir que curar, siempre que el sensor no nos moleste a cada rato.

SI ALGO TE PREOCUPA, OCÚPATE

Ningún buen *chef* se plantearía conocer solo el sabor dulce (o el salado si es su favorito, o el amargo) sin manejar los demás y aprender a combinarlos. Nadie puede ser buen cocinero o degustar correctamente un plato si no está dispuesto a entrenarse en el abanico completo de posibilidades que le ofrece una buena despensa, aunque unas cosas le gusten más que otras y se le den mejor. Así que toca ponerse manos a la obra y hacerlo con una mente abierta.

El cocinero lo hace, además, porque le preocupa que sus platos salgan bien. Y justamente por ello, se ocupa intencionalmente de que esto suceda. De poco le sirve a un cocinero dedicar horas en su cabeza a idear las mil maneras de cocinar bien, o anticipar qué haría si algo sale mal. Donde primordialmente avanza uno es entre fogones y entrenando el paladar.

Nuestras papilas gustativas son, además, todo terreno, y no debería ser una opción infrautilizarlas, aunque luego procuremos dirigirnos hacia la combinación más adecuada y rechacemos otras que no eran correctas. Igual sucede con nuestras posibilidades emocionales. Tenemos mucha más espalda y tolerancia de la que hemos llegado a creernos al ir dejando de afrontar las pequeñas cosas, y no nos hemos dado cuenta de que, en nuestra falta de entrenamiento, hemos perdido prácticamente el tono muscular. Ha llegado el momento de ponerse las pilas y plantarnos ante nuestros propias inquietudes.

Ves que hablo mucho de miedo, ansiedad, pánico, inquietud... y es porque están en la base de cada una de las emociones que evitamos y no queremos enfrentar. Bajo las que eludimos siempre hay otra que nos juega una mala pasada, y es prima-hermana del miedo: se llama ansiedad.

Resulta bloqueante si no se enfrenta, y se convierte fácilmente en un monstruo enorme por la misma razón:

+ Imagina una persona con lo que cree que es miedo al malestar que le produce su *tristeza* (cuando realmente sería ansiedad porque el abatimiento es molesto y doloroso, pero no peligroso en realidad).

+ Cuántas veces es ansiedad también lo que tenemos cuando, aunque *enfadados*, decidimos no tener esa conversación incómoda que volvería a traer orden a la situación. «¿Y si al final se enfada y se estropea la amistad?», nos preguntamos, sin darnos cuenta de que incluso si pasara, sería soportable —y hasta necesario— para comprender la verdadera calidad de esa relación. No es tanto peligro como pensamos, ni sería el desastre que tememos.

+ ¿Y qué decir del miedo al *miedo*? Es justamente en lo que consiste el trastorno de pánico y agorafobia a la larga: terror ante la idea de tener que enfrentar una reacción de ansiedad en cualquier lugar donde no pueda ser ayudado o no pueda evitar fácilmente el malestar (¡nada de fobia a los sitios abiertos, como se suele pensar!). Ahora, ¿esto pasa así realmente, o si nos enfrentáramos a ello descubriríamos que no hay tanto que temer?

+ El miedo también está en la base de muchas de nuestras reacciones de *sorpresa*, y a muchas personas no les gustan, precisamente por no saber si reaccionarán a la altura. Es ansiedad ante lo desconocido y ante la posibilidad de perder el control.

+ Por otro lado, el *asco* también alberga sus propias dosis de inquietud en el fondo. A veces vemos en la consulta (por ejemplo, en algunos casos de trastorno obsesivo compulsivo [TOC] relacionados con limpieza u orden) cómo la ansiedad está en el fondo de ciertas sensaciones de asco. A nivel mental estas sensaciones se han convertido en «inasumibles», y equiparan el malestar que producen con la casi convicción de un peligro real que nos acecha (sin ir muy lejos, es lo que nos pasa cuando vemos una cucaracha, donde casi todos, incluso sin TOC, confundimos el asco con el peligro y reaccionamos en función a ello).

Hablar de estas cosas es poco común, inquieta a la gente y a veces preferimos proseguir como si nada, pero tener claro todo esto nos da una hoja de ruta impagable siempre que queramos aprovecharla, y constituye el antídoto más eficaz ante uno de los mayores venenos a los que como personas y grupos nos enfrentamos en este siglo y lugar: el miedo a no poder soportar la molestia o el dolor.

¿Cuál es ese remedio? Se llama afrontamiento, y es la clave para empezar a despegar emocionalmente y también en salud mental, por «insoportable» que nos parezca no poder seguir evitando.

LA SOCIEDAD DEL MIEDO

Somos una sociedad con apariencia de seguridad en nosotros mismos, pero sospecho que vivimos más inmersos en el miedo que nunca. Por eso la gente se expresa de forma cada vez más defensiva: pensamos que nos atacan constantemente. Casi todos estamos en guardia buena parte del tiempo, trasladando hacia fuera la idea de que todo está bien, pero sospechando que en cualquier momento la cosa se tuerza, y mucho, aunque no lo digamos.

Zygmunt Bauman, uno de mis autores favoritos, lo expresa muy bien en su libro *Miedo líquido*, al hablar de la sociedad contemporánea y sus temores, donde dice sin ambages que «*los nuestros vuelven a ser tiempos de miedos*», y que entre las alternativas que manejamos, se oscila entre «*la huida y la agresión*». Parece que nos define bastante bien, ¿no crees?

Bauman apunta, de nuevo, hacia la misma solución que argumentamos aquí, la que siempre debió ser nuestra primera opción: «*enfrentarnos al peligro real, a la amenaza que podemos ver y tocar*» (yo añadiría «o a descubrir que no existe, porque a veces es ansiedad solamente). Sin duda, las otras dos opciones (huida y agresión) no funcionan de forma completa.

«*En el momento en que averiguamos de dónde procede esa amenaza, sabemos también qué podemos hacer (si es que podemos hacer algo) para repelerla o, cuando menos, adquirimos conciencia de lo limitada que es nuestra capacidad para salir indemne de su ataque y de la clase de pérdida, lesión o dolor que tenemos que aceptar*».

Estamos tan inmersos en esta cultura del miedo, que ni siquiera cuando disfrutamos dejamos de sentirlo, y muchos de los que no lo perciben en absoluto es porque se mueven en el lado de la indolencia y la temeridad, lo cual nunca ayudó a nadie, aunque ellos crean que sí.

Bajo la alegría o cualquier otra emoción positiva, en comparación con las cinco básicas negativas anteriores que acabamos de mencionar con sus correspondientes sustratos de ansiedad, no suelen identificarse miedos tan evidentes, pero también están ahí, y algunas personas los manifiestan claramente.

Eso marca su manera de vivir, por lo que terminan también en una evitación sistemática y manifestando (solo que de manera distinta), los tentáculos de la amenaza que percibimos en nuestro mundo emocional. Piensa en algunas emociones positivas y verás a qué me refiero:

+ ¿Cuántas personas prefieren no amar por miedo a ser dañadas?

+ Elegimos expresar exigencia y no gratitud, no solo por soberbia, sino por miedos profundos a trasladar fragilidad, conformidad o que otros se aprovechen de nuestra vulnerabilidad.

+ ¿Conoces personas a quienes les da miedo disfrutar o ser felices porque temen, casi supersticiosamente, que en cualquier momento perderán ese disfrute si se permiten vivirlo?

+ ¿Y qué decir de cómo algunas personas evalúan negativamente vivir con esperanza, porque desde una especie de pesimismo subyacente —más allá de lo que decimos en redes sociales— creemos que cuanto más nos preparemos para lo malo, menos decepciones viviremos cuando lleguen?

¡Ese no es el espíritu que queremos trasladar desde estas líneas cuando hablamos de prepararnos y ejercitarnos en el lenguaje de nuestras emociones! No hay pesimismo, ni nihilismo depresivo. Tampoco un optimismo basado en unicornios. ¡La esencia del mensaje es comprenderlo, aquí y ahora, para poder actuar en consecuencia ante cada situación!

Atravesaremos el puente del miedo cuando toque cruzarlo, pero mientras tanto, ocupémonos de lo que nos preocupa haciéndonos políglotas, de forma que podamos entendernos con esa parte fundamental de nosotros con la que hemos de convivir y que nos ayuda a tener vidas más plenamente humanas.

¿Qué te parece si entramos a la cocina? Afina tu paladar, porque vamos a poner rostro a la tristeza, la alegría, el enfado, los miedos, la sorpresa y el asco, estando dispuestos a mirar de cara a lo que tengan que mostrarnos de nosotros mismos y, sobre todo, a entender qué quieren contarnos. ¿Te atreves?

PARTE 2

COCINA EMOCIONAL

EL ARTE DE DOMINAR LA DESPENSA

8

CADA EMOCIÓN TIENE SU FUNCIÓN

Déjame que te cuente que...

+ Es necesario que nos liberemos de los muchos clichés que tenemos acerca de las emociones y su funcionamiento.

+ Tenemos que empezar a ver a cada emoción cumpliendo una labor esencial, y al conjunto de lo que sentimos trasladándonos un mensaje directo y difuso que debemos descifrar, como si fueran los ingredientes de un plato de comida frente a nosotros o un misterio por resolver.

+ Al principio no lo tendremos todo claro, pero podremos crear hipótesis y ponerlas a prueba.

+ Te propondré una sugerencia que quizá te ayude a empezar con el mensaje directo, pero también te invitaré a hacerte muchas, muchas preguntas, para aclarar el posible lenguaje difuso y resolver el análisis con éxito.

¡Veámoslo con detalle!

Quédate con la siguiente frase, porque es la clave de todo lo que vamos a considerar a partir de aquí, y buena parte de la razón por la que te propongo gestionar emocionalmente de una manera directa, aunque difusa a la vez:

CADA EMOCIÓN TIENE SU FUNCIÓN

Nuestras emociones no son ilógicas, ni surgen de la nada. Si crees que no tiene sentido, solo es el indicador de que está pasando algo, pero aún hay que averiguar qué.

EMOCIONES SIN CLICHÉ

Este aspecto de nuestra psicología está cargado de prejuicios, clichés e historias extrañas a su alrededor. En el intento por dejar de demonizarlas —que es lo que se intenta desde hace solo unas décadas—, ahora se ha terminado en el otro extremo, ensalzándolas y poniéndolas en un lugar semiidolátrico que no les corresponde. Para muchos son *la* brújula, y donde les parezca que les está señalando el norte, allá van.

Sin embargo, ni lo uno ni lo otro ha dado o traerá buenos resultados. Es lo que sucede cuando quitamos una pieza de su lugar en el conjunto de una maquinaria, para ubicarlo en un sitio que nos parece mejor, pero con poco sustento que lo respalde.

Pixar lo mostró magistralmente en su película *Intensa-mente* (*Inside out*, y en España *Del revés*). Su mensaje final no podía ser más claro: aunque nos hubiera encantado que la alegría fuera la heroína y gran protagonista de la historia, quien termina trayendo el equilibrio necesario y salvando la circunstancia es la tristeza, mucho menos aclamada y comprendida, pero muy importante para aportar su «grano de arena». ¡Y no solo eso! A lo largo de la historia, cada una de las demás emociones hace su parte en el momento oportuno. La realiza con mayor o menor acierto, pero nunca se reacciona por nada.

Si te fijas, hay un bullir constante en aquel centro de operaciones, y allí podemos ver la actividad frenética de ese «compañero de viaje» del que hablábamos desde el inicio del libro, casi como si fuera un locutor deportivo y que en la película nos «desdoblan» en cinco minicompañeros diferentes: alegría, tristeza, miedo, asco y enfado. Todos juntos y a la vez, parecen una verdadera locura. No guardan turnos para hablar, y por eso la voz del compañero de viaje no resulta siempre unívoca y clara a nuestro oído. ¡Ya nos gustaría!

Sin embargo, cuando nos ejercitamos en el arte de distinguir (voces, en este caso, sabores en nuestra metáfora anterior, o pistas si se trata de un misterio) podemos escuchar y comprender qué es lo que quieren decirnos.

CADA INGREDIENTE, SU FUNCIÓN

Como venimos contando, cualquiera de las metáforas que empleemos será parcial e imperfecta. Son simplificaciones, y ninguna conseguirá jamás reflejar fielmente toda la complejidad de la que hablamos, pero nos ayudan a entender, al menos, algunos aspectos imprescindibles.

Es lo que sucede si comparamos el mundo culinarios con la realidad de las emociones: cada elemento cumple una función. Piensa en algunos de los más evidentes en la cocina…

+ Ningún chef se plantea eliminar *la sal* de sus platos, pero tampoco puede abusar de ella por mucho brío que le pueda dar a una comida, porque si por una parte realza el sabor —esa es su función principal—, por otra puede destruirlo. Ha de estar, por tanto, en su justa medida, como las especias o el picante.

+ El aceite o *la grasa* que se emplee cumple también una función esencial, ayudando a unir ingredientes, creando texturas impensables sin ellos, dando brillo y vistosidad al plato... pero, de nuevo, requieren equilibrio, o sus bondades terminan convirtiéndose en el enemigo de quien las come en exceso, no por mala naturaleza del ingrediente, sino por mal uso.

+ *El agua* te puede parecer anodina, insípida, incolora... ¡y lo es, objetivamente hablando! Sin embargo, por algo está en la base de muchas recetas, y además constituye buena parte de la composición de tantísimos alimentos. Cumple su papel y su función, además de agilizar y favorecer que otros elementos lo hagan también, ¡y hasta equilibra sus excesos!

Si te gusta la cocina y te ayuda esta metáfora, podrías seguir analizando eternamente uno por uno todos los ingredientes que puedes usar, para finalmente darte cuenta de que cada uno, incluso el más pequeño, cumple al menos:

+ una función esencial en general,

+ y muy posiblemente algunas más en particular.

Es algo así como «Normalmente, el cilantro cumple la función de dar un sabor y aroma distintivos a la comida, pero además, en este caso, y por la presentación que aquí veo, está para añadir color y contraste visual al plato».

¿Te imaginas que pudieras hacer algo así con los sentimientos? Llévalo al lenguaje emocional, y encontrarás conexiones que pueden sorprenderte y ayudarte.

HIPÓTESIS Y SOLO HIPÓTESIS

Es muy importante que veas que todas estas aproximaciones que hacemos en un lenguaje metafórico son justamente eso: hipótesis. Ninguna son ley. Las expresamos aquí de forma muy directa, pero no tanto porque estén escritas en piedra en alguna parte, sino porque parecen ser la esencia de lo que las emociones básicas, en general, parecen venir a decirnos.

Cuando hace unos años empecé a pensar en estas cosas:

+ yo misma establecí que esta iba a ser mi hipótesis de trabajo,

+ alineé cada emoción básica con lo que todas sus expresiones parecían tener en común, a modo de tentativa.

+ A partir de ahí, fui comprobando cuán útil les resultaba a mis pacientes plantearlo de esta manera,

+ y fui descubriendo que, efectivamente, cuando lo consideraban detenidamente, ellos también veían que la aparición de muchas de sus emociones coincidía con esa posible interpretación.

+ No es una teoría científica constatada porque estas metáforas no son términos en los que se construye un estudio psicológico, pero sí una hipótesis útil que nos ayuda a trabajar con las emociones en nuestro día a día, como pasa, por ejemplo, con el modelo de *Los cinco lenguajes del amor* que describió Gary Chapman en su libro con el mismo título hace unos años.

Esa hipótesis es lo que yo he venido llamando el *mensaje directo* de cada emoción, que luego tenemos que complementar con sus matices (mucho más difusos y que dependen de cada situación personal analizada con lupa).

Te recuerdo, tal como lo vimos en su momento, cuál es mi hipótesis de partida, expresada esta vez en forma «ultrasintetizada»:

+ La tristeza está relacionada con insatisfacción y con necesitar un cambio.

+ La alegría está vinculada con agrado y con querer repetir la experiencia.

+ El miedo avisa de un posible peligro cerca.

+ El enfado trata de una posible injusticia, y es personal.

+ La sorpresa está asociada con las implicaciones de una novedad.

+ El asco está unido al aviso sobre algo en extremo desagradable.

Esta es, desde mi punto de vista, una primera ayuda importante que nos sitúa sobre la pista de hacia dónde más hay que encaminar la búsqueda para saber qué nos está indicando nuestra emoción. Tenemos la parte directa, y luego empezaremos con la difusa.

Cuando puedo, al menos, descartar algunas de las emociones que *no* estoy sintiendo (a veces son más claras de identificar que las que sí), eso elimina posiblemente también algunas de las posibles explicaciones asociadas, y de alguna forma estrecha el embudo. La amplitud de posibilidades emocionales enriquece nuestro mundo, sin duda, pero a menudo no ayuda a tomar decisiones. Hay que minimizar, pues, pero sin perder información relevante.

Ahora nos queda decidir acerca del mensaje difuso de lo que sentimos, y eso requiere otro enfoque.

ACLARANDO EL MENSAJE DIFUSO

Si usando la metáfora de un misterio vamos a resolver un caso como detectives, una cosa es la pista esencial que mueve el caso en una dirección, y otra bien distinta el hilo argumental que lo resuelve.

No darnos cuenta de esta distinción sería equivalente a pensar que solo por el hecho de que diferenciamos entre si una comida es salada o dulce, ya hemos resuelto el misterio acerca de qué se compone ese plato. Hay mucho más, y si aspiramos a movernos bien en la cocina, debe ser resuelto.

Una vez que ya estamos sobre cuál o cuáles de las emociones básicas estamos sintiendo, podemos buscar un poco más intencionalmente aprovechando aquella primera pista:

- Algo no me satisface, pero ¿qué?
- Algo me gusta, pero ¿qué?
- Puede haber un peligro, pero ¿cuál?
- Percibo una injusticia, pero ¿cuál y con quién?
- Algo no me esperaba, pero ¿qué?
- Algo me resulta repulsivo, pero ¿qué?

Como ninguna situación humana es sencilla, muy posiblemente te moverás entre varias de estas preguntas, porque no solemos sentir solo una emoción a la vez. Piensa, por ejemplo, en la envidia, donde por una parte te sientes triste, pero también enfadado. Quizá hasta la disparó alguna situación sorprendente, y todo ello junto te da pistas sobre qué está pasando y cómo actuar después.

Ante este tipo de análisis, muchas personas entran en bucle y solo identifican que se sienten mal. Punto. No quieren estar con nadie, se aíslan durante unos días, están como irritables, incluso se piden días libres en el trabajo... pero no lo están pudiendo gestionar porque no ha habido elaboración emocional real. Para decir realmente que hemos «elaborado» una emoción, debemos haberle dedicado tiempo de calidad para saber qué está pasando con ella.

Esa gestión adecuada empieza por identificar dónde me muevo de entre seis caminos iniciales (las emociones básicas), y sus posibles mensajes directos:

+ «Me ha sorprendido el nuevo ascenso de mi amiga».

+ (Esto responde a qué es algo que no me esperaba).

+ «Me entristece que a mí no me lo han ofrecido nunca».

+ (Esto responde a qué es lo que me causa insatisfacción y no quisiera repetir).

+ «Estoy enfadada porque me parece injusto».

+ (Esto responde a cuál es la injusticia que percibo y quién es responsable).

No hay alegría, evidentemente, tampoco genera asco como tal, aunque sí rechazo, y el miedo a que esto siempre sea así podría ser un elemento, pero mucho menos intenso que los otros tres que hemos identificado. Dejamos de lado estos últimos, y nos centramos en los tres que mencionamos, junto con sus correspondientes preguntas iniciales.

Con esos mensajes directos, podemos empezar a trabajar, ¿no crees? Estarás de acuerdo conmigo, sin embargo, en que quedan aún muchas preguntas que hacerse, y algunas conclusiones que extraer para tomar decisiones correctas emocionalmente.

NUNCA SOBRAN LAS PREGUNTAS

Un buen detective se hace muchas, muchas preguntas, y no le sobra ninguna. También se las hace el cocinero, en un sentido, porque cada plato es un desafío con múltiples retos a resolver. Recuerda que estamos intentando aclarar el dilema de qué puede estar componiendo nuestro plato emocional con lo que, en un sentido, nosotros estamos también «jugando» a ser detectives ¡y queremos saberlo todo del plato que tenemos delante!

+ ¿Qué lo compone?
+ ¿Por qué se eligió hacerlo así?
+ ¿De dónde viene la idea?
+ ¿Por dónde se empezó?
+ ¿Para qué se eligió una especia y no otra, o por qué una textura en particular?
+ ¿Qué es eso que huelo, pero no encajo con lo que observo...?

Ya ves que en esta situación no hay reglas sobre qué cosas puedes preguntarte y cuáles no. Lo peor que puede sucederte, sin embargo —y eso pasa mucho en el plano emocional— es preguntarte solo «¿Por qué, por qué, por qué...?» o «¿Cómo hago para que esto se acabe y ya?». Sin duda, son preguntas legítimas, no es que estén prohibidas, pero no pueden ser las únicas, porque no te llevan a ningún buen puerto.

Volvamos a nuestro ejemplo de la envidia. Estamos haciendo una especie de «disección» del plato en al menos tres ingredientes esenciales, y con la información que contábamos ya podemos extraer algunas pistas más sobre nuevas preguntas que hacernos:

✦ «Me ha sorprendido el nuevo ascenso de mi amiga».

Esto responde a qué no me lo esperaba, *pero también habla de mis expectativas al respecto.*

» Nadie se sorprende si no es porque esperaba algo distinto, así que ¿de qué se trataba? ¿Qué creía yo que pasaría?

» ¿Era una expectativa razonable la que albergaba?

» ¿Quizá era algo previsible y yo no lo consideré siquiera?

» (...)

✦ «Me entristece que a mí no me lo han ofrecido nunca».

Esto responde a qué es lo que me causa insatisfacción y no querría repetir, *pero también me lleva a plantear el deseo de un cambio:*

» ¿Qué me gustaría que pasara?

» ¿Existen posibilidades de que eso pase?

» ¿De qué depende que suceda?

» ¿Hay algo en mi mano que pueda hacer para favorecerlo?

» ¿Es una situación fuera de mi control que más bien debo aceptar y ya está?

» ¿O quizá hay un tanto de ambas cosas, no está todo bajo mi control, pero hay cosas que sí puedo hacer?

» (...)

+ «Estoy enfadada porque me parece injusto».

Esto responde a cuál es la injusticia que percibo, *pero también debe llevarme a identificar los agentes implicados.*

» ¿En qué consiste exactamente el desorden que percibo?

» ¿Es realmente injusto o lo estoy percibiendo desde la sorpresa y la tristeza por no ser yo la favorecida?

» ¿Tiene mi amiga la culpa de haber sido ascendida?

» ¿De quién es la responsabilidad de que esto esté pasando así?

» ¿Cuántos agentes hay implicados en esta escena y cuál está siendo nuestro papel en los acontecimientos?

» (...)

Podríamos seguir, pero ves el punto. Si nos movemos por la envidia como una brújula, no llegaremos a buen puerto. El norte no está en lo primero que se nos pase por las emociones. De hecho:

+ nos puede llevar a estar mal con nuestra amiga cuando quizá no tiene la culpa,

+ a evadir la responsabilidad de mejorar en nuestro trabajo si en el fondo no lo estamos haciendo tan bien,

+ a mirar mal a nuestro jefe cuando quizá está evaluando mejor el trabajo de la compañera por buenas razones...

En todas estas opciones, si te fijas, la persona, a través de la elaboración emocional por medio de preguntas, está llegando a lo que podría ser una hipótesis plausible sobre lo que siente en este momento.

+ El mensaje directo tiene tres componentes fuertes: novedad, insatisfacción-cambio, sentido de injusticia personal (quizá hasta un poquito de sensación de peligro por seguir así para siempre, pero recordemos que, de momento, eso lo hemos dejado fuera del análisis).

+ El mensaje difuso de la emoción, pero que podemos aterrizar a través de preguntas (¡muchas preguntas!) podría haber llegado a esta conclusión que te propongo en base a las que podrían haber sido sus respuestas:

> » «Es muy posible que te sientas así porque no te ha gustado lo que ha pasado, no quieres que se siga produciendo; querrías algo distinto y para eso hay que mover ficha. Siendo que tu amiga no es culpable de que su trabajo haya sido mejor, ni tu jefe ha sido injusto realmente, esto es la señal de que tienes que seguir trabajando, pero de nada servirá volcar tu enfado con ella. Quizá tu ira es contigo, por no haber llegado aún al punto que te lleve al ascenso, y tienes que orientar tus acciones hacia un lugar que te ayude en tus objetivos».

¿Nos dice o no nos dice cosas la emoción? Yo creo que sí... pero hay que interpretar su lenguaje «secreto».

9

PROTOCOLO EN TU COCINA EMOCIONAL

Déjame que te cuente que...

+ En este punto, ya no necesitamos pensar más en las emociones de forma simplista, sino que te propongo afinar nuestra vista y ver este paisaje en color, no en blanco y negro.

+ No podremos hacer buen uso de lo que las emociones pueden aportarnos sin un renovado ejercicio de honestidad, al que volveré a invitarte antes de analizar cada emoción y sus «parientes» con mucho más detenimiento.

+ Lo que las emociones nos cuentan tiene que ver con el exterior, pero principalmente nos retratan y revelan lo que hay dentro de nosotros. Tomar la decisión de aceptarlo es la clave para que esto funcione.

+ Si lo ignoramos, las usaremos como brújula personal, estableciendo nosotros el norte, aunque no esté allí, y acabaremos perdidos entre emociones.

+ Será tarea de valientes, por el contrario, estar dispuestos a ver lo que esa luz roja de alerta puede querer decirnos, y actuar en consecuencia para salir del bosque.

¡Veámoslo con detalle!

Como ves, ya estamos en un punto en el que tenemos casi orientado lo que podría ser un protocolo interesante para abordar nuestras emociones y comprenderlas.

+ Hemos dejado de lado, en primer lugar, la evitación. Decidimos enfrentarnos y escuchar lo que quizá los sentimientos nos pueden estar diciendo acerca de qué pasa fuera, sobre nosotros mismos o ambos.

+ Además, nos recordamos la necesidad de ser honestos y no edulcorar ni lo que pasa en las circunstancias, ni lo que ocurre dentro. El dulce no es bueno para todo, y lo salado, lo amargo y lo ácido cumplen también un papel, aunque no nos gusten tanto.

+ Las emociones procuran ser coherentes con lo que perciben los sentidos, pero reaccionan a nuestro pasado y futuro, hablándonos de aspectos internos que no solemos querer oír.

Las emociones es terreno para valientes, y encontrar la verdad alrededor de ellas es lo que pretendemos con esta hoja de ruta. No te garantizo un camino sencillo, pero sí uno práctico y de crecimiento. ¿Comenzamos?

DEL BLANCO Y NEGRO AL COLOR

Ya hemos aprendido, creo, a pasar del blanco y negro a cierta cantidad de color en cuestiones emocionales. ¡Esto no son unos y ceros (en lenguaje informático), ni tampoco todo o nada!

+ No hay más necesidad de ceñirse simplemente al «Me siento bien» o «Me siento mal»,

+ sino que podemos decir, con cierta solvencia, «siento [tristeza / alegría / miedo / enfado / sorpresa / asco], e intuyo algo de lo que pueden significar».

+ Hacerme preguntas será la continuación del proceso, y aquí se abre todo un mundo infinito de posibilidades. Cada una de ellas son hipótesis, pero algunas tendrán claramente más posibilidades que otras para constatarse, así que intentaremos siempre quedarnos con las mejores.

Para agregar algo más es que quiero plantearte algunas consignas añadidas, y lo haremos en los próximos capítulos de diferentes maneras. Será el momento de aplicar de manera práctica todo lo aprendido hasta aquí, y lo primero que defendimos fue ser tremendamente honestos con nosotros mismos, para empezar, porque si no, lo demás no tendrá ningún sentido.

Las hipótesis de trabajo que intentan resolver la parte difusa del lenguaje de la emoción no serán tan sintéticas y comprimidas como las que vimos para las seis emociones básicas (y que intentan descifrar la parte directa), pero podrán ayudarte, desde un prisma flexible, a generar ideas prácticas y abordar tus situaciones emocionales con éxito. No es posible plantearlas en 140 caracteres cual tuit, ya te lo adelanto, pero sí intentar hacerlo en

140 palabras te ayudará a clarificar lo difuso y comprender el mensaje.

Vamos a profundizar en cada emoción básica y asociarla, al menos, a una parte de sus «familiares». Ojalá pudiera detenerme y contarte con detalle sobre cada una, pero ese no es el objetivo aquí. Tampoco es tan sencillo como decir que cada sentimiento complejo tiene un tanto por ciento de esta emoción básica y de aquella otra; o que es algo simple, como que una emoción es igual a la anterior, pero difiere solo en intensidad, duración o frecuencia.

Eso, lamentablemente para nuestro intento simplificador, no va a poder ser. Soy mujer de ciencia y de Ciencias. Me encantan los números, lo cuantitativo, lo geométrico y simétrico (también soy bastante obsesiva, ya ves), pero el terreno emocional no se presta a ser cuantificado de esa forma tan rígida, precisamente por ser estas disciplinas sociales. No me he resistido hasta aquí, sin embargo, a trasladarte algo de la posible aportación que un poquito de método científico nos hace, precisamente porque algunas cosas, con aproximaciones de este tipo de por medio, se entienden mucho mejor.

Mi interés principal cuando traslado propuestas, sean en libros o al impartir formación, no es simplemente dar pescado para comer, sino explicar cómo podemos usar la caña y pescar. Eso, creo, tiene mucho más sentido.

Es cierto que muchas personas, cuando leen un libro de este tipo, están buscando prácticamente fórmulas mágicas que les resuelvan un problema de forma rápida y sin dolor. De nuevo, la evitación... Por definición y coherencia, desde luego, este sería el caso que menos se presta a ese enfoque, así que hemos de descartarlo.

El equivalente de esto en nuestra metáfora gastronómica sería dar una comida masticada, casi digerida, y no enseñar a manejarnos en la cocina. Este enfoque podría aparentar ser mucho más práctico, pero su utilidad tendría las patas muy cortas, y no llegaría lejos. No sabríamos de los principios con los que se produce la alquimia, no aprenderíamos nada realmente y, lo más importante de todo, no podríamos generalizarlo a tantas situaciones como se nos presenten delante.

Con un abanico tan amplio de posibilidades como el que podemos encontrarnos en lo referente a lo emocional, parece que esto no tendría mucho sentido, ¿no crees?

UN RECORDATORIO VITAL

Antes de contarte con cierto detalle lo que vamos a estar trabajando para cada emoción, necesito que paremos un momento para hacernos un recordatorio fundamental (y me incluyo, porque soy susceptible de caer en el mismo error de enfoque, si no me propongo evitarlo).

Comenzamos este libro planteándonos seriamente que lo primero antes de analizar cualquier otra cosa al respecto de las emociones, es hacer un ejercicio dramático de honestidad con nosotros mismos. Lo ideal, llegado el momento, es hacerlo también hacia fuera, no en el sentido de mostrar todas nuestras cartas a cualquiera, sino como forma de coherencia e integridad, no llevando a nuestra psique a esa especie de escisión mental que se produce cada vez que nos dedicamos a impostar hacia el exterior. Esa mala costumbre nuestra tiene que terminar, por muy de moda que esté ahora.

Ser sinceros en todo esto resulta clave porque, al fin y al cabo, en nuestras emociones se ponen de relieve nuestros más profundos y oscuros intereses, nuestros miedos, nuestras inclinaciones... y descubrirlos no nos resulta fácil de encarar ni mucho menos asumir. Esa es la primera parte: nosotros frente al espejo de quiénes somos y qué sentimos. Luego vendrá decidir cómo vamos a salvar el no caer en la hipocresía, pero sin ignorar con quién podemos mostrarnos libres de reservas o no.

Voy a adelantarme un poco en el camino y explicarte lo que creo que encontrarás de ti cuando te veas en el espejo al considerar tus emociones. Por lo menos, es lo que yo veo en mí constantemente, y no es sencillo de manejar.

Cuando miramos hacia nuestras emociones y nos descubrimos sintiendo algunas cosas feas (tal y como veíamos con el ejemplo de la envidia):

- si somos honestos del todo, no podremos dejar de reconocer que, aunque a veces tenemos muchas buenas razones para sentir como lo hacemos,

- en otras muchas situaciones no es así.

Aquí tienes varios ejemplos:

- Puedes estar enfadado legítimamente porque alguien te ha tratado mal, y eso no está bien, o puedes sentirte enfadado porque alguien te ha puesto límites y ya no te puedes seguir saliendo con la tuya.

- Puedes estar triste y avergonzado porque te has dado cuenta de que has decepcionado a un amigo querido, o puedes estar «de bajón» porque las cosas no salen como tú te has empeñado en que salgan.

+ Puedes sentirte alegre porque a un amigo le va bien, o puedes percibirlo porque a un amigo le va mal.

En cada caso, la emoción vuelve a reaccionar ante lo que hay fuera, pero sobre todo revela lo que hay dentro, y no siempre es bueno:

+ nuestras agresividades y egoísmos,

+ la tendencia al capricho de que el mundo gire como deseamos,

+ nuestro mal calibre a la hora de plantear expectativas

+ o la inclinación que albergamos hacia nuestro ombligo, por ejemplo.

Todo ello marca cómo sentimos las cosas, y aceptar esto es complicado para mucha gente. Prestarse a verlo y ponerle nombre, también, pero necesitamos empezar por ahí.

La tentación será dejarnos llevar hacia lo que deseamos realmente, pero no hacia el norte donde florecemos como personas y ayudamos a que el resto lo haga. Solo si estamos dispuestos a sumar honestamente lo haremos. La cuestión es si nos atreveremos.

¿DISPUESTOS A SORPRENDERNOS?

Quizá para quienes vemos el mundo desde una cosmovisión cristiana —como es mi caso—, esto no resulta tan sorprendente. Al fin y al cabo, creemos en que este es un mundo caído porque nosotros lo hicimos, y en ese estado seguimos. Cuando las premisas están torcidas no se desprende una conclusión recta, de la misma forma que de una materia prima imperfecta no obtendremos nunca un producto perfecto.

Con todo y tener esta visión sobre nosotros (no catastrofista, sino profundamente realista, creo, porque ninguno somos lo que deberíamos y podríamos ser), quienes no esperamos pura luz del ser humano seguimos sorprendiéndonos de nosotros mismos conforme seguimos profundizando hacia dentro. Es decir, de nuevo, si somos honestos, seguimos encontrando recovecos interiores de los que no sabíamos nada y que muestran un lado más oscuro que el que incluso conocíamos de nosotros mismos.

+ ¿Nunca te has descubierto a ti mismo haciendo algo bueno por malas razones?

+ ¿Ves en ti que, en ocasiones, como en todos nosotros, las motivaciones que ponen en marcha el motor y en las que las emociones tienen todo que ver, no son las ideales?

+ ¿Seríamos capaces de reconocer (cuestiones de cosmovisión religiosa aparte), que no hacemos con los demás como nos gusta que nos hagan?

El ejercicio de analizar tus emociones te va a poner, como a mí, frente a una realidad que te va a costar ver con buenos ojos en cuanto seas totalmente honesto. La razón de que no queramos mirar hacia allá cuando llegue el momento y que sea tentador apartar la mirada tiene una nueva explicación emocional: vernos tal cual será un nuevo estímulo ante el que reaccionaremos con sentimientos encontrados, y si lo hacemos coherentemente y sin edulcorar o especiar la realidad, lo que percibiremos no nos gustará. ¿Estamos preparados?

¿Qué haremos en ese momento? ¿Evitaremos el estímulo y su correspondiente análisis porque nos es demasiado doloroso vernos retratados? Creo que convendría ser valientes —aunque sintamos miedo, culpa, dolor y vergüenza— y aceptar...

+ que no siempre sentimos tristeza por las mejores razones,

+ ni alegría,

+ ni miedo,

+ ni enfado,

+ ni sorpresa,

+ ni tampoco asco.

Si las emociones cumplen su función y están ahí como luces rojas que nos indican cosas —y creo honestamente que porque Quien las puso ahí también quiere que las veamos—, a la hora de valorar el mensaje que nos lanzan tendremos que tomar decisiones:

+ podremos ignorar la llamada de atención que la realidad nos hace y usar las emociones cual brújula, marcando nosotros el norte por razones que nada tienen que ver con dónde está en realidad,

+ o atenderemos a los datos y aceptaremos que si bien al reaccionar a lo que pasa fuera las emociones nos están hablando sobre el exterior, en realidad principalmente nos hablan sobre nosotros, sobre lo que pasa dentro. Así las cosas, nuestra racionalidad quizá tenga que tomar medidas para poner orden en casa.

Si no te sientes capaz de reconocer hacia fuera lo que te encuentres en este viaje (¡porque es difícil por doloroso!) al menos no dejes de reconocer internamente lo que las emociones puedan revelar sobre ti para empezar a trabajarlo.

Los demás, asumámoslo, posiblemente ven una parte de lo que quizá nos estamos negando a nosotros mismos. Las realidades feas, por otro lado, no desaparecen porque no las evoquemos con el lenguaje (o las disimulemos y disfracemos), y las emociones —reactivas como son a lo que hay y no se ha corregido todavía— no dejarán de mostrar lo que realmente reside en nosotros mientras no tomemos cartas en el asunto.

¿QUÉ VAMOS A TRABAJAR A PARTIR DE AQUÍ?

Te propongo ser muy prácticos:

+ Vamos a dedicar un capítulo completo a cada emoción básica, mencionando también varios de sus parientes más cercanos.

+ No revisaremos el «árbol genealógico» completo, pero identificar algunas de las emociones de cada familia nos proporcionará un cierto método para que luego puedas seguir aplicando los mismos principios a cualquier otra emoción (asociándolas a su mensaje directo general y teniendo pistas sobre el difuso).

+ No existe una lista exhaustiva de emociones, ni es posible crearla, ya que hay tantas distintas que sería inabarcable. Cada persona es un mundo, y también los ojos y experiencias personales a través de los cuales filtra, interpreta y modula esa emoción. Por eso es tan importante tener un método y no tanto una fórmula que pretenda abordar lo inabordable, valga la repetición.

Para cada emoción, procuraremos:

+ Descifrar y entender cuál es su mensaje directo.

+ Crear hipótesis sobre hacia dónde apunta su mensaje difuso.

+ Identificar algunas «primas hermanas» relacionadas con ella.

+ Considerar lo que puede estar diciendo del exterior.

+ Evaluar lo que quizá refleja de nuestro interior.

+ Valorar hacia dónde podría llevarnos en caso de usarla como brújula.

+ Considerar posibles acciones si la empleamos como luz roja.

+ Plantear algunas conclusiones adicionales.

Como ves, nos queda trabajo por hacer, pero creo que merece la pena. ¡Vamos a ello!

10

TRISTEZA: «ALGO NO TE GUSTA Y NECESITAS UN CAMBIO»

¿CUÁL ES EL MENSAJE DIRECTO DE LA TRISTEZA?

«Algo no te gusta y necesitas un cambio».

¿HACIA DÓNDE APUNTA SU MENSAJE DIFUSO?

Quizá te estás sintiendo (...)* porque hay algún área de tu vida que te gustaría que fuera distinta. Percibes cosas que te crean insatisfacción, pero tienes que saber de qué se trata, y por qué, para hacer los cambios oportunos.

A veces algo malo sucede fuera que justifica esa emoción. Pero también puede que todo fuera esté bien, o al menos no tan mal como para considerar esta emoción proporcionada; y este

---

* NOTA: Sustituye los puntos suspensivos por la palabra «tristeza» o cualquiera de las otras emociones relacionadas con ella que te mencionaré después, y te darás cuenta de que encajan como un guante en ese mensaje.

sentimiento solo está indicando lo mucho que te afecta lo que ocurre.

Esa insatisfacción, entonces, a veces viene solo de dentro y no parece coherente del todo con lo que pasa fuera. ¿Por qué? Eso es lo que hay que intentar tantear mediante hipótesis, pero en cualquier caso, no dejes pasar el tiempo sin explorar qué puede ser, para empezar hacer algo al respecto.

Si realmente algo está pasando en el exterior (lo que sería una tristeza reactiva), tal vez puedes mejorar tu circunstancia tocando algunas «teclas» en ese escenario. Si no es posible, el cambio entonces ha de hacerse dentro de ti, elaborando más tus emociones, aumentando tus recursos, o tomando decisiones... pero algo debe cambiar si quieres volver al equilibrio y sentirte bien.

Elige si debes optar, entonces, por modificaciones en la situación o por trabajar en aceptar mejor lo que está sucediendo, ¡pero no desatiendas este mensaje!

Tanto el mensaje directo como el difuso, si te das cuenta, *nos dan una hoja de ruta.* Tenemos que mirar hacia la realidad, aunque duela, y averiguar:

- ✦ *sí* es *cierto* o *no* que algo no funciona fuera,
- ✦ *qué* puede ser que no vaya bien, en caso de ser cierto que hay algo,
- ✦ *sí* puede ser un tema de *percepción,* porque allí todo está correcto,
- ✦ considerar si puede mejorarse la *situación,*

+ o si, por el contrario, debe *trabajarse en uno mismo* porque la emoción aparece desproporcionada.

Este modelo aplicará a cada una de las emociones que veremos en sucesivos capítulos.

Obviaría decir (pero lo diré) que si algo malo sucede fuera y estás triste o algo parecido, esto es signo de salud mental, y es lo que se espera de cualquier persona que funcione bien emocionalmente. Permítete sentir lo que sientes y captar el mensaje que te lanza, para tener la mejor «medida» de tu percepción de tu mundo exterior e interior. Cuando lo sepas, actúa al respecto, pero no le tengas miedo a la tristeza, porque está intentando ayudarte.

ALGUNAS «PRIMAS-HERMANAS» DE LA TRISTEZA:

+ Melancolía
+ Soledad
+ Desesperanza
+ Desolación
+ Pesar
+ Desánimo
+ Abatimiento
+ Dolor
+ Luto
+ Pena
+ Pesimismo
+ Nostalgia

+ Apatía

+ Autocompasión

+ Desconsuelo

+ Culpa

+ Vergüenza

+ Desesperación

+ Impotencia

+ Indefensión

Todas comparten en su «ADN» el desagrado por una situación y el deseo de que algo cambie, aunque cada una tiene matices sutiles —a veces muy difíciles de identificar— que enriquecen la experiencia y nos dan alguna que otra pista también sobre cómo proceder.

Que no te preocupe que aquí no podamos detenernos en ellas. Me conformo con que tengas claro su parentesco y el mensaje directo que comparten con la tristeza o bajo estado de ánimo, que es el ingrediente esencial común.

¿ANTE QUÉ ASPECTOS DEL EXTERIOR PUEDE ESTAR REACCIONANDO LA TRISTEZA?

Si miramos *hacia fuera*, estas emociones pueden hablarnos de:

+ *pérdidas reales* (no necesariamente de personas, aunque también; pueden ser sueños, proyectos, ideales, un trabajo, esquemas que se tenían sobre alguien, nuestra salud o la de un amigo a quien queremos...),

+ desagrado y desgaste ante una *situación adversa real,* aunque no sea una pérdida como tal,

+ un *empeoramiento objetivo* de los escenarios en que estamos (en esencia, tener problemas),

+ la *ruptura* de expectativas (que habrá que valorar si eran ajustadas o no, y que de alguna manera implican cierta pérdida),

+ una visión oscura del *presente* y del *futuro* (¿quizá porque las circunstancias también lo sean?).

IMPORTANTE: Como ves, si lo que hay fuera explica proporcionadamente nuestras emociones, esto es signo de salud mental. Aun así tendremos que elaborarlo, pero ¡no son el enemigo! Nos están advirtiendo cosas.

¿QUÉ PUEDE ESTAR REFLEJANDO DE NOSOTROS QUE APAREZCA LA TRISTEZA?

Si miramos *hacia dentro*, la tristeza puede hablar, por ejemplo, de:

+ *cuánto nos importaba* aquello que hemos perdido, que sentimos que está lejos o ya no es alcanzable (pérdidas *de facto*, entonces, aunque no sean totales);

+ cómo una situación nos puede estar *desgastando y fatigando física y emocionalmente* (el agotamiento dispara las emociones relacionadas con la tristeza, y es una advertencia psicofisiológica para bajar el ritmo),

+ cuál es nuestra percepción acerca de las circunstancias que hay fuera, teniendo en cuenta que no somos un medidor exacto de realidad, sino que *podemos estar reaccionando y sobredimensionando* las emociones debido a:

» experiencias pasadas, propias o ajenas,

» situaciones no resueltas adecuadamente con anterioridad,

» miedos que se mezclan con estas emociones y que nos oscurecen aún más la visión,

» una tendencia personal, química o neurológica a ver las cosas más negras de lo que son;

+ que nuestras *expectativas* no eran del todo ajustadas o que, en caso de serlo, *requieren ser recalibradas,* porque ya no se amoldan bien a la nueva situación,

+ que para que nos vaya bien en el presente y el futuro tenemos que revisar *dónde pondremos la mirada,* porque si seguimos poniéndola en el mismo lugar, la sensación seguirá advirtiéndonos de la idoneidad de un cambio...

Como ves, no es una lista exhaustiva, son diferentes hipótesis que encajarán o no según la situación concreta de cada persona, pero la clave que las enlaza es una: requieren asegurarnos de que la proporción de lo que sentimos dentro se ajusta a lo que sucede fuera.

Eso se concreta en una pregunta fundamental:

¿Podemos estar *pasándonos*

o *quedándonos cortos*

al sentir esta emoción así?

¿Cuál crees que es tu caso? La *expresión en palabras de esa sospecha* es, justamente, tu hipótesis de trabajo, y una cosa está clara: si no hay coherencia entre ambos frentes (porque lo que ocurre fuera y lo que sentimos dentro está desproporcionado), entonces es cuando la emoción deja de jugar a nuestro favor y empieza a comportarse como el enemigo. Eso no debe pasar.

¿A DÓNDE PUEDE LLEVARNOS USAR LA TRISTEZA COMO BRÚJULA?

Al margen de que lo que ocurre fuera sea realmente tan grave como percibimos inicialmente, dejarnos llevar por la tristeza (o sus «parientes») suele dirigirnos a diversos lugares donde no suele ser bueno permanecer:

+ Aislamiento

    » por una soledad escogida pero que no se disfruta, sino que sigue el impulso del malestar,

    » al convencernos de que estamos solos, aunque no sea así y los demás intenten que nos llegue su presencia,

    » por una soledad impuesta desde fuera, finalmente, porque los demás ya no quieren estar con nosotros al no estar responsivos a su acción e intentos por aproximarse...

+ Inactividad

    » lo cual supone menores fuentes de estímulo y activación,

    » escaso o nulo entrenamiento en las cuestiones cotidianas de la vida,

» más sensibilización ante cosas a las que deberíamos estar habituados,

» y un grado mayor de comodidad engañosa conforme pasa el tiempo, porque todas estas cosas a las que nos lleva la tristeza como brújula, aunque son perjudiciales, también son un alivio al principio y se mantienen por refuerzo negativo, haciéndose casi adictivas.

✦ Una motivación cada vez menor

» porque cuanto menos proactivos somos, menos queremos serlo al costarnos más cada esfuerzo,

» y porque cuanto mayor tiempo pasamos en la tristeza, más difícil resulta obtener placer de las cosas que antes nos lo producían sin esfuerzo.

» Es como perder inercia una vez que ya habíamos conseguido movernos a una velocidad constante. Nada que no pase en la física natural, entonces: si paramos, luego cuesta más trabajo y energía volver a arrancar.

✦ Dificultades serias para relacionarse

» en parte, por la suma e interacción de todo lo anterior.

» Las conexiones personales, mucho más si encima son profundas y de calidad, requieren presencia, reactividad, participación, reciprocidad, un cierto nivel de actividad y también de energía y motivación. Por eso cuando funcionan son tan reforzantes para nuestro estado de ánimo. ¡Casi mágicas, porque ponen todo nuestro motor en movimiento!

» Cuando todo lo anterior no funciona, por el contrario, el ámbito social queda fácilmente bloqueado y nuestro ánimo se deprime.

Si lo piensas, no hay ningún problema en estar en estas situaciones puntualmente, y de hecho son sitios que conviene visitar cuando toca para recolocar, efectivamente, lo que sea necesario. Atendemos al aviso, actuamos en consecuencia yendo a reparar lo que se debe, y volvemos a lo cotidiano para proseguir. Pueden ser la reacción normal por una emoción también normal, y todo depende del uso que les demos, en última instancia.

El problema es cuando quedamos instalados allí y aquello empieza a interferir con la vida diaria y el correcto desarrollo de la persona y su entorno.

Entonces aparecen, por ejemplo, problemáticas como la depresión, principalmente, pero no porque se tengan reacciones relacionadas con la familia de la tristeza, que han de experimentarse y manejarse y no son un peligro, sino porque se las escoge como el nuevo capitán de nuestro barco, y ahí es donde perdemos el norte.

¿Y SI USÁRAMOS LA TRISTEZA COMO LUZ ROJA QUE NOS AVISA DE ALGO?

Si ante la tristeza o cualquiera de sus allegadas nos recordáramos su mensaje directo («algo no te gusta y necesitas un cambio»), y empezáramos a crear hipótesis plausibles al respecto, podríamos llegar a puntos como estos (son solo ejemplos):

«Me siento triste, pero parece normal porque acabo de perder mi trabajo. Esta tristeza me dice que algo no me

gusta, y muy posiblemente sea esto. ¿Quién sabe si incluso pudiera haber algo más? Por ejemplo, en este momento de mi vida considero que debería estar en otro lugar, laboralmente hablando,

Ahora mismo lo que quiero es estar solo, bajarme del mundo, desaparecer... pero sé que esa inclinación no me lleva por buen camino. Solo empeorará la situación, así que, aunque no me apetece nada, voy a aceptar esa invitación de mi hermana a tomarme un café con ella y mañana me pondré —por poco que me agrade— a idear un plan sobre lo que quiero».

Aquí ves a alguien viviendo su tristeza, poniéndole rostro, permitiéndose experimentarla, pero no dejándose gobernar por ella. Sabe que habrá resistencia a ponerse en marcha y hacer lo que debe para dirigirse al norte, donde sabe que las cosas tienen mejor posibilidad de salir bien, pero no se deja engañar por la invitación natural a la comodidad y a la evitación cuando se está triste, con lo que decide invertir ese esfuerzo para remontar y que el sentimiento no le gobierne.

Veamos ahora el caso de alguien más...

«Acabo de llegar de una cita con mi pareja, pero no me siento bien. Últimamente, cada vez que salimos vuelvo triste y cabizbajo. ¿Qué es lo que no me gusta y me pide un cambio? Ya sé que este sentimiento suele querer decir algo como esto...

Reflexionando sobre cómo ha ido la tarde, me doy cuenta de que hemos estado irritables y discutiendo. Me he sentido sermoneado y como que nada de lo que hacía o decía estaba bien. He intentado por todos los medios agradarla y remontar la situación, pero creo que ella tampoco se encontraba bien hoy. El problema es que esto es cada vez más frecuente, y creo que ahí es donde tenemos que intentar cambiar ambos.

No me siento enfadado, curiosamente. Creo que ella también sufre, pero es evidente que necesitamos pensar en una solución. Parece normal y razonable que me sienta triste si esto no está funcionando. Ella es muy importante para mi vida, pero quiero una relación saludable, porque este sentimiento es cada vez más intenso, más frecuente, y más duradero, y evadirlo no me ayudará.

Creo que debo hablar con ella en cuanto pueda, para no prolongar más esta situación, aunque sea una conversación incómoda».

En esta situación, la persona identifica su tristeza, principalmente, y la distingue de otras emociones (como el enfado, quizá). Eso le orienta en la línea de actuar solventando la situación, precisamente porque el sentimiento le está dando pistas de que así no se debe seguir. Está elaborando la emoción porque le está dedicando un cierto tiempo de calidad a pensar sobre ella, y es todo lo que necesita su cerebro en este momento para remontar: aunque no le estamos dando una solución definitiva a la situación porque no está en nuestra mano, le estamos proporcionando salidas, que es lo que requiere.

Acaba de crearse una hipótesis de trabajo que compartirá —con mayor o menor éxito— con su compañera. Primero debe afinarla bien, así que seguirá elaborando y eso suma, nunca resta.

Si ella hace un buena elaboración de sus propios sentimientos también, tienen muchas posibilidades de entenderse y reconducir sus encuentros. Si solo él «hace los deberes», es muy posible que donde no hay enfado aún, él acabe teniendo esa reacción también. Será normal, por otro lado, porque la situación estará siendo injusta y abusiva para él, y tendrá cada vez más claro que ella es la causante. Tocará poner orden si quiere recolocar los sentimientos.

Puede que incluso sienta cierta ansiedad («prima del miedo») en algún momento, porque no es bueno mantenerse en una relación desequilibrada por mucho tiempo, o empezará a tener efectos colaterales graves. La emoción, entonces, puede ir «saltando» de unas expresiones a otras, y eso nos invita a un proceso también dinámico de reflexión.

Cerremos con el caso de una última persona. Este es su sentir:

«Se acabó la posibilidad de ser bombero para mí. Llevo más de cinco años presentándome a las pruebas y no ha habido manera. Estoy hundido. No me imagino siendo otra cosa que no sea bombero, pero con el problema físico que me han detectado en la revisión, todo se ha esfumado.

No se me ocurre en este momento hacia dónde llevar mi vida. He dedicado tanto tiempo y esfuerzos a esto que he renunciado prácticamente a todo lo demás, y ahora siento que tengo que empezar de cero.

Quizá me tengo que tomar mi espacio para pensar... Lo que quisiera es morirme, francamente, pero sé que eso está desproporcionado. Ninguna profesión ni ningún sueño valen mi vida... aunque es como me siento, por otro lado.

Veo que no es buen momento para tomar decisiones. A lo mejor tengo que estar convaleciente unos días y ver cómo se van produciendo los acontecimientos. Cuando repose supongo que podré plantearme las cosas de otra manera, pero nunca me había sentido así de mal. Se me ha muerto un sueño».

Este chico maneja sus emociones de una forma muy interesante: por una parte, reconoce su intensidad, se siente muy triste, y es del todo normal. Lo sucedido no es para menos, aunque no solo es tristeza, así que lo elabora más.

Hay incluso ganas de morirse —y reconocerlo está muy por encima de la media en cuanto a introspección y capacidad para expresarse—. ¡No es que planifique su suicidio! Tenemos que ser cuidadosos y no mezclar las cosas. Es solamente que no le gustaría estar aquí, porque este asunto en su mente ahora mismo lo ocupa todo («si pudiera, apagaría», es lo que quiere decir). No es poco sentirse así, pero no es lo que imaginamos tampoco. Muchos hemos estado ahí también, y reconocerlo ayuda.

Por lo que podemos ver, tiene esa especie de diálogo interno por el que no niega ninguna de las dos caras que componen su moneda:

+ «Sé que la situación, aunque es importante, no merece mi muerte, y la vida vale más...

+ pero es como me siento, y no edulcoraré la realidad, sino que la seguiré observando», parece decir.

Al fin y al cabo, si eliminamos una de las dos facciones, ya no es una moneda, sino solo una cara. En ningún lugar nos dejarían pagar con algo a lo que le falte una mitad, ¿verdad? Así de inválida queda la realidad cuando cercenamos una de sus partes.

La situación externa explica mucho de lo que le sucede: ha perdido más que un trabajo o un examen aprobado. ¡Era su sueño, luego hay un duelo que tiene que atravesar, y no hay atajos! Tendrá una mala época hasta que cree una nueva normalidad en la que se sienta satisfecho, y anticipa que, quizá, no le llenará tanto como pensaba que lo haría su plan inicial. Habrá que comprobarlo llegado el momento, y las emociones darán pistas sobre ello también.

En este momento también sabe que esto no es el final, y aunque se siente hundido y lo reconoce, también se recuerda que hará falta otro nuevo abordaje en no mucho tiempo, y no lo rechaza del todo, aunque no le apetezca.

Cuando el cambio no puede darse en la situación frente a nosotros, quizá tenemos que reorientarnos internamente:

+ ¿Fue estratégico poner todos los huevos en la misma cesta?

+ ¿Hizo bien al convertir esa profesión en el corazón de lo que era como persona?

+ ¿O quizá esto le lleva a recalibrar el asunto antes de tomar nuevas decisiones?

Quizá ese es el cambio que la tristeza está pidiendo que haga, porque la desproporción que siente sobre esta situación puede responder a una visión desajustada que ha tenido acerca de ello por muchos años, ¡y es que él es mucho más que la posibilidad de ser bombero!

11

ALEGRÍA: «ALGO TE ENCANTA, Y VAS A QUERER REPETIR»

¿CUÁL ES EL MENSAJE DIRECTO DE LA ALEGRÍA?

«Algo te encanta, y vas a querer repetir».

¿HACIA DÓNDE APUNTA SU MENSAJE DIFUSO?

Estás viviendo algo que te crea satisfacción, te está gustando y lo disfrutas. Seguramente, si pudieras elegir, te encantaría quedarte aquí, en esta sensación, mucho más tiempo. Por eso es importante que entiendas que la alegría te invita a repetir, pero tienes que valorar si conviene. Analicemos las pistas...

Lo clave en esta situación, más allá de que la disfrutes (que es solo una parte) es que te plantees qué te está llevando a sentirte así, e identifiques lo que está produciendo esa emoción, en definitiva. En un mismo escenario hay diferentes elementos que lo componen, pero alguno en particular te está moviendo a la alegría.

Repetirlo estará genial si verdaderamente es algo que te conviene, no solo por satisfacción, sino porque demuestre sumarte a ti y a tu entorno a corto, mediano y largo plazo. No son pocas las cosas que nos gustan y que no nos merece la pena mantener, porque terminan dañando o esclavizando.

+ ¿Estás en una de esas situaciones?

+ ¿Cuánto estarías dispuesto a sacrificar o entregar por seguir sintiendo esta sensación?

+ ¿Justifica este sentimiento de alegría las decisiones que te puede invitar a tomar si la usas como brújula?

Tanto el mensaje directo como el difuso, si te das cuenta, *nos dan, de nuevo, una hoja de ruta.* Tenemos que mirar hacia la realidad, aunque en medio de nuestra alegría nos parezca innecesario, y averiguar:

+ Si lo que está pasando fuera es *algo realmente tan bueno* como el sentimiento al respecto parece hacernos percibir, en cuyo caso ¡adelante! (No hay ningún espíritu masoquista que justifique que no disfrutemos si es coherente hacerlo).

+ *Si nos está confundiendo* que lo que pasa fuera da un cierto «*subidón*» o produce *alivio* y por eso nos sentimos tan bien y contentos, pero realmente no nos está sumando en sentido objetivo. Puede que lo que esté pasando tenga sus claroscuros y no sea tan evidente que sea beneficioso, solo agradable... y son cosas distintas. No es infrecuente confundir esas dos sensaciones con la «bondad» de la situación.

+ Si la *proporción* entre lo que se vive fuera (por bueno que sea) y cómo me siento al respecto (por mucho que me guste) es ajustada o no. Si reaccionamos con alegría explosiva ante cosas bastante pequeñas, esto puede tener que ver con nuestra interpretación particular del hecho y con el significado personal y la importancia que le damos a ese elemento, pero también puede estar mostrando alguna clase de desajuste en cuanto a la emoción, e incluso disfrazando otras que están siendo reprimidas (¿recuerdas el famoso personaje de Parker, interpretado por Alec Baldwin en la serie *Friends*? Era una alegría despampanante lo que mostraba constantemente ante cualquier pequeña cuestión, pero estaba profundamente desequilibrado. ¡Hasta a la superoptimista Phoebe le parecía demasiado, con lo que termina rompiendo la relación con él, porque no lo soporta!).

Queda claro que la alegría, por mucho que nos encante, no siempre es signo de estar en el sitio correcto, emocionalmente hablando. ¿Y qué decir, además, de cuando nos crea satisfacción algo que daña a otras personas o a nosotros mismos a largo plazo? Algunas personas están instaladas en satisfacciones que usan para mal y que no muestran, necesariamente, salud mental o lo que llamaríamos una conducta «ajustada». Es el caso de los comportamientos narcisistas, psicópatas, o de las euforias que se viven en un cuadro bipolar, por ejemplo.

Por otro lado, en muchas situaciones, las emociones de signo negativo pueden mostrar una mayor conexión de la persona con la realidad de lo que está pasando alrededor (al fin y al cabo, vivimos en un mundo caído y roto), y la alegría puede ser del todo inapropiada en muchas situaciones, por muy de moda que esté sentirse *happy* todo el tiempo. No tiene sentido, entonces, ese «unicornio» que nos venden de que se puede estar arriba de la noria constantemente.

ALGUNAS «PRIMAS-HERMANAS» DE LA ALEGRÍA:

+ Felicidad

+ Gozo

+ Euforia

+ Plenitud

+ Entusiasmo

+ Júbilo

+ Regocijo

+ Contentamiento

+ Amor

+ Gratitud

+ Diversión

+ Optimismo

+ Satisfacción

+ Orgullo (sentimiento, no rasgo de personalidad, o actitud)

+ Alivio

+ Éxtasis

Comparten en su «ADN» el agrado por una situación y el deseo de que se mantenga.

¿ANTE QUÉ ASPECTOS DEL EXTERIOR PUEDE ESTAR REACCIONANDO LA ALEGRÍA?

Si miramos *hacia fuera*, estas emociones pueden hablarnos de:

+ *la concreción real de algo que estábamos deseando* que sucediera (un éxito o una victoria deportiva, por ejemplo),

+ estar recibiendo un *estímulo placentero* (por ejemplo, gustar un sabor rico, recibir una caricia, u oler una fragancia agradable). También cualquiera de lo que podríamos llamar «antidepresivos naturales» (un buen rato con amigos, los efectos positivos del ejercicio físico, luz natural y la sensación del sol en la piel, estar ante un paisaje majestuoso...),

+ una *mejora objetiva de las circunstancias* que vivíamos, con lo que nos sentimos reforzados positivamente (hemos recibido algo que nos gusta, por ejemplo un aumento) y reforzados negativamente (ya no experimentamos lo que nos disgustaba, por ejemplo cuando nos dicen que el cáncer que hemos pasado está en remisión),

+ o la *aparición* de *buenas expectativas* (ajustadas o no, habrá que verlo; pero sucede, por ejemplo, cuando nos dan una buena noticia).

La experiencia de la alegría y sus derivados resulta tan placentera que, a menudo, se nos olvida la importancia de considerar si se ajusta a la realidad en su proporción; o si, incluso, aparece ante las situaciones que objetivamente debemos plantearnos volver a reproducir.

Ante las emociones negativas, pasamos de largo en cuanto a examinar racionalmente cuál es el mensaje que trasladan por evitación del malestar. En el caso de las emociones de signo positivo, lo hacemos porque no queremos que nada nos aparte del momento de satisfacción que estamos viviendo, en lo cual también hay un cierto tanto de evitación si lo piensas. Esto hay que corregirlo para que nos vaya bien.

¿QUÉ PUEDE ESTAR REFLEJANDO DE NOSOTROS QUE APAREZCA LA ALEGRÍA?

Si miramos *hacia dentro*, la alegría puede hablar, por ejemplo, de:

+ *cuánto nos gusta* que algo suceda de la manera en que lo hace (solo que deberemos tener alguna referencia más que no seamos solo nosotros, porque nos pueden agradar cosas que no son apropiadas, o que dañan a los demás),

+ la satisfacción de ver *cumplida una expectativa* importante o concretar un objetivo por el que se ha trabajado, lo que actúa como recompensa y reconocimiento;

+ que se ha *reducido el malestar* (incertidumbre, indefensión, desbordamiento)... o se está teniendo mayor control sobre él;

+ el deseo de *compartir hacia fuera* lo que se está experimentando, y convertirlo en «contagioso»...

Tal y como pasaba con el caso de la tristeza y sucederá con las siguientes emociones que analizaremos, se trata de que, en nuestra hipótesis sobre lo que la alegría nos puede querer estar diciendo, enlacemos:

+ qué produce ese sentimiento desde fuera,

+ qué significado le damos dentro para reaccionar como lo hacemos,

+ y la coherencia-proporción entre ambos.

Aunque se trate de una emoción positiva, no demos nada por hecho:

+ Si ante una situación negativa fuera nos alegramos por dentro, eso no dice nada bueno de nosotros, y debiera llevarnos a una reflexión.

+ Si lo externo e interno es coherente pero desproporcionado, habrá que evaluar por qué, y quizá tomar alguna medida.

+ Si ante una situación positiva fuera no somos capaces de alegrarnos convenientemente, ¿no dice eso algo importante acerca de nuestro estado emocional?

¿Cuál es el mensaje, en definitiva? ¿Hay presencia o ausencia de esta emoción en tu vida? ¿La vives de forma coherente o se ha convertido —como en el caso de muchas personas hoy— en una forma de disfraz que desdibuja o incluso hace desaparecer artificialmente el resto de las experiencias emocionales que correspondería tener?

¿A DÓNDE PUEDE LLEVARNOS LA ALEGRÍA SI LA USAMOS COMO BRÚJULA?

Cuando la gente se deja llevar por la alegría sin aplicar una buena medida de sentido común, llega a todas partes menos al norte, que es donde realmente podría irnos bien.

Estas son algunas de las cosas que suceden cuando decimos «Me gusta y repito... sin más»:

+ *Impulsividad* y falta de reflexión, dando lugar a conductas temerarias, con altos niveles de riesgo, solamente por cómo nos sentimos y el pico de adrenalina que termina enganchándonos. Esto pasa frecuentemente en las adicciones, por ejemplo.

+ Evasión del malestar y excesivo funcionamiento con base en la búsqueda obsesiva de alivio por un lado, y estimulación extrema por otro. La clave es que se persigue la *recompensa constante*. Sucede mucho, además de en las adicciones, en el ámbito de la pareja y la sexualidad al involucrarse constantemente en relaciones promiscuas («no estoy solo, y encima tengo sexo», parece ser la valoración más frecuente al plantearlas). Otro ejemplo claro es el porno, con una «utilidad» cada vez más analgésica a base de lo que se llaman «superestímulos». Mala combinación.

+ *Ignoramos las partes de la realidad* que nos darían información relevante a tener en cuenta para otras situaciones, solamente porque no nos gusta. Esto incluye obviar los problemas y eliminar la prudencia necesaria para manejarnos bien («ya lo pensaré mañana, solo quiero estar bien hoy», algo que se repetirá al día siguiente y sucesivamente).

+ *Sobredimensionamos nuestras posibilidades y habilidades.* Nuestra autoestima queda, aunque sea de forma temporal y poco efectiva, engordada desde esa inflamación del ánimo, y podemos lanzarnos a abarcar cosas para las que no tenemos capacidad. Se ignoran las propias limitaciones y la necesidad de ajustarnos a la realidad como parte de ese universo de unicornios y arcoíris que nos hemos creado últimamente.

+ *Agobiamos a las personas* al ser fácil trascender la línea entre lo apropiado a nivel social y lo intrusivo. Esto es especialmente fácil en personas extrovertidas, que desde la alegría todavía identifican peor cuándo tienen que parar: verborrea, gesticulación excesiva, interrupciones constantes, o no escuchar y solo estar pensando en lo próximo que se va a hacer o decir, son algunos ejemplos de esto.

* Se cae fácilmente en la *falta de empatía*. Se está tan centrado en la propia experiencia y en reproducir las sensaciones de satisfacción y de placer, que se pierde cierto contacto con la realidad emocional del otro. Cuando se trata de emociones, como diría mi abuela, es fácil que estén «más cerca nuestros dientes que nuestros parientes».

¿Y SI USÁRAMOS LA ALEGRÍA COMO LUZ ROJA QUE NOS AVISA DE ALGO?

La alegría está para ser disfrutada y, tal como lo veo, creo que es un regalo del cielo. ¡Ojalá tengamos muchas situaciones en las que podamos experimentar esta emoción y cualquiera de sus allegadas! Pocas cosas llenan tanto nuestro espíritu como sentir amor, gratitud, felicidad y otras relacionadas. ¿Quién no querría repetir, en esos casos?

Lo que nos dice esa luz roja de la alegría cuando estamos frente a esa tesitura de reconocer que algo nos agrada, por un lado, pero tener que decidir también si le daremos rienda suelta para repetir o no, es una idea sencilla y difícil a la vez, pero vital: REFLEXIONA.

Hay algo que nos dice esa luz roja de la alegría cuando estamos frente a esa tesitura de reconocer por una lado que algo nos agrada o, por otro lado, tener que decidir si le daremos rienda suelta a la alegría, para repetir o no. Es una idea sencilla y difícil a la vez, pero vital: REFLEXIONA.

Es, posiblemente, la consigna que más nos cuesta seguir en el plano emocional, pero también es, probablemente, la más clave. Es como decirnos «disfruta, pero nunca pierdas la toma a tierra». Una alegría que nos hace sentir pletóricos nunca debería desconectarnos de la realidad, o correremos serio peligro.

> *A Marcos le encanta la sensación de salir de fiesta cada noche, tanto si tiene que trabajar o hacer exámenes al día siguiente como si no, porque tiene un empleo y estudia a la vez.*
>
> *Precisamente por lo agobiante que le resulta su vida, se entrega en cuerpo y alma a cualquier momento de desahogo que pueda experimentar, y parece disfrutarlo aún más cuando se lo lleva al extremo, no pensando en nada, tomando alcohol para potenciar aún más la desinhibición, y procurando acumular experiencias «de desfase».*
>
> *Hace ya tiempo que muchos le dicen que quizá el asunto se le está yendo de las manos.*

Usar bien la alegría implicaría en este chico escoger los momentos en que conviene repetir y evaluar qué le hace «tan feliz». Hay mucho de alivio y de «subidón», pero no hay una reflexión de por medio, por lo que vemos. Cae constantemente en conductas de riesgo e ignora las consecuencias negativas que llegarán y que ya están empezando a dar sus primeros signos.

Lo ideal sería una hipótesis de trabajo como esta: «Esta satisfacción me encanta, pero para ser justos tengo que reconocer que ni me conviene salir de fiesta a diario ni lo estoy haciendo por las mejores razones. ¡Claro que me lo paso genial! Sin embargo, voy a proponerme repetir como recompensa al trabajo bien hecho. Solo en viernes o sábado y siempre que haya estudiado antes. ¡Ahí sí que podré disfrutar al máximo!».

Ya no estará encubriendo otras emociones negativas, y estará actuando responsablemente. La alegría no será su brújula, sino un indicador de acierto siempre que se cumplan otras condiciones. No estará dándose sin medida a contrapesar una emoción con otra, equivocando el «antídoto» y aplicándolo a un «veneno» inapropiado. Lo que nos preocupe (ahí está el veneno) ha de abordarse ocupándonos de resolverlo o acometerlo mejor (ese es el antídoto que funciona), no a base de adormecernos y envolvernos en torrentes de adrenalina para dispararnos y anestesiarnos a partes iguales (¡mal remedio!).

María es una madre que disfruta cada momento con su hijo de 3 años. Hace de todo escenario uno superespecial para ambos, pero ahora que el niño está en época de pataletas, ella tiene una lucha interna importante: le horroriza ver al niño en el estado emocional que se pone, no sabe distinguir si le pasa algo grave o solamente está impostando para que ella ceda, pero reconoce que cuando le da lo que quiere y el niño «vuelve a su ser», la alegría que a ella la embarga es tan grande que da cualquier acción por bien empleada, con tal de ver al niño sonreír.

No es la primera vez que le dicen que el niño la manipula, y es cierto que estas secuencias de presión con pataleta y ella cediendo se dan con cada vez más frecuencia, lo que le hace plantearse si no se estará dejando llevar por la pena, por un lado, y por la satisfacción que le produce ver a su niño «feliz».

Hasta ahora ha ido pasando de largo y no quería pensar mucho en ello. «Al fin y al cabo —se decía— el niño es aún muy pequeño para preocuparse». Cuando más recientemente

> *alguna vez se ha parado a pensarlo más (aunque eso no lo ha compartido con nadie), reconoce algo muy concreto: aún recuerda vivamente la satisfacción y felicidad que la invadió cuando vio a su hijo dejar de llorar la primera vez que cedió a lo que le pedía. Reconoce una sensación agridulce, porque a la par algo le decía que se estaba equivocando, «pero era tan pequeño...».*

Tal y como sucede casi siempre, las emociones no aparecen en estado puro, sino acompañando a otras, de forma que se modulan e influyen mutuamente. Aquella primera satisfacción que le decía a María «Esto te gusta y vas a querer repetir», vino también con un pequeño atisbo de aviso que ella prefirió no atender. Claramente usó la emoción como brújula, y ahora tiene un tirano en miniatura en casa. Todos lo ven, ella lo ve —cuando se atreve a considerarlo— y está empezando a notar esas otras emociones que también le advierten cosas. ¿Las atenderá apropiadamente como luz roja?

Hacerlo implicaría algo como: «Veo que lo que intento hacer con el niño para bien no está funcionando (le doy oportunidades, cedo...). A veces me enfado conmigo misma por ser tan «blanda», y creo que no puedo evitarlo... pero no es cierto. Sé que no puedo seguir así, y tengo temores al respecto, por si empeora. Eso es un aviso de peligro. El mal comportamiento va *in crescendo*, desde luego, y él casi no empatiza. Tengo que pensarlo muy bien para no ceder la próxima vez, por mucho que me alivie esa carita sonriente, porque mi uso de las emociones no nos está ayudando aquí».

12

MIEDO: «¡PUEDE HABER PELIGRO CERCA! ¡AVERIGUA CUÁL!»

¿CUÁL ES EL MENSAJE DIRECTO DEL MIEDO?

«¡Puede haber peligro cerca! ¡Averigua cuál!»

¿HACIA DÓNDE APUNTA SU MENSAJE DIFUSO?

Este es un posible mensaje que el miedo, como ese compañero de viaje que viene con nosotros, podría estar lanzándonos. A veces nuestro oído no está entrenado para colocarlo en palabras como estas, pero podría «sonar» así:

> *«¡Algo hay que no me encaja! No sabría decirte qué es, y esa incertidumbre en sí misma me inquieta. Es posible que no sea importante, pero mi obligación es, como mínimo, avisarte, y no dejarte del todo tranquilo hasta que hayas comprobado que no hay nada de qué preocuparse.*

> *Puede que sea el cambio de la situación, o que todo está demasiado tranquilo para como suele ser. Quizá hoy estoy revuelto y veo problemas donde no los hay, pero más vale prevenir. Es posible que sea ese gesto o actitud que capté en esa persona con la que hablaste, y que creo que tú no has percibido. Por eso no tengo claro si debieras darle tanta confianza. ¡Realmente no la conoces!*
>
> *Si al comprobar algunas cosas no das con nada inquietante, estoy dispuesto a retirarme. Al fin y al cabo, no necesitamos invertir más energías de las justas en algo que quizá no sea nada. Eso sí, más vale prevenir, así que aguza los sentidos y pregúntate dónde puede estar ese peligro potencial, porque creo que algo pasa».*

Miedo, como ves, no siempre implica pánico. En la época en que vivimos, sin embargo, el sentimiento que más se está experimentando de esta familia emocional es la ansiedad, angustia, y no en vano muchas veces esta se presenta en formato de lo que llamamos «ataques de pánico», que no es sino una manifestación concreta de este mal de nuestro tiempo.

La ansiedad tiene ADN común con el miedo, por decirlo de alguna forma, y por eso los confundimos con facilidad, pero no son iguales, ni actúan de igual manera.

+ El miedo surge ante algo real y es proporcionado y funcional.

+ Cuando se agranda, desajusta respecto a la realidad o surge sin que el estímulo realmente lo justifique, entonces hablamos más bien de ansiedad.

Si su actuación es muy distinta, el lenguaje de nuestro compañero de viaje en «modo ansiedad» seguro que sonará diferente también, por ejemplo:

«¡Peligro! ¡Peligro! ¡Peligro! ¡Algo muy grave está pasando! ¡¡Hay que sacar la artillería a la calle, todo lo que tengas!! ¡No me preguntes qué sucede exactamente, porque no lo sé, es indescriptible, pero muy grande! ¡Fíate de mi instinto y no te arrepentirás! ¡¡Vamos, vamos, vamos, reacciona más rápido!! ¡No te duermas y actúa cuanto antes! ¡Mejor hacer de más que de menos! ¡O de menos que de más, no lo sé! ¡No te quedes corto de prevención, pero tampoco te lances a lo que no sabes cómo saldrá! ¡Ojos bien abiertos...! ¡No bajes la guardia! (...)

Ya ves que son bastante diferentes, ¿verdad? Ese sentido de urgencia extrema que imprime la ansiedad es confuso, inespecífico y realmente no nos da grandes pistas acerca de qué está pasando. ¡Más bien nos desorienta, en vez de llevarnos a un lugar correcto! Es poco operativo para señalarnos los siguientes pasos a seguir, más allá de que si sospechamos que es ansiedad lo que sentimos, tenemos una razón extra para poner en su justa medida el sentimiento a través de un buen análisis racional. Luego veremos cómo hacerlo.

ALGUNOS «PRIMOS-HERMANOS» DEL MIEDO:

+ Temor

+ Ansiedad

+ Nerviosismo

+ Preocupación

+ Inquietud

+ Horror

+ Pavor

+ Angustia

+ Fobia

+ Recelo

+ Desconfianza

+ Premonición

Comparten en su «ADN» la angustia por algo que pasa fuera o dentro, y que se considera amenazante a nivel físico o emocional para uno mismo o para otros. Da lugar a respuestas de alerta y prepara a la persona para evitar o enfrentar lo que se percibe como peligroso.

¿ANTE QUÉ ASPECTOS DEL EXTERIOR PUEDE ESTAR REACCIONANDO EL MIEDO?

Muchos de los estímulos que nos generan miedo están fuera de nosotros. De hecho, cuando el estímulo está más bien dentro y no parece haber nada en el exterior que lo justifique, muy posiblemente estamos ante la emoción desajustada de la ansiedad. Ahí, seguramente, tendremos que buscar las causas en nuestra propia interpretación de la realidad, pero centrémonos por un momento en qué puede estar sucediendo fuera que pueda desencadenar esa respuesta de temor:

+ Una *situación de peligro físico* que compromete la integridad física o, incluso, la vida de uno mismo o de alguien más (por ejemplo, ante un inminente atropello, frente a la aparición de los primeros signos de una catástrofe natural, o cuando recibimos el diagnóstico de una enfermedad grave sobre un familiar).

+ Situaciones de *acoso, intimidación o exclusión* que suponen una amenaza de tipo social (por ejemplo, en casos de acoso en la escuela o de maltrato en el hogar).

+ Escenarios de *inestabilidad financiera o laboral* que hacen anticipar las muy posibles consecuencias negativas que pueden darse en caso de que no se corrija la situación a tiempo (por ejemplo, cuando uno ve que ha tenido que usar prácticamente todos los ahorros para subsistir).

+ Ante circunstancias en las que se prevé —de manera fundamentada— que se va a *fracasar* en un proyecto o tarea y que ello traerá consecuencias fuertes, o bien a nivel externo (por ejemplo, perdiendo el trabajo) o, cómo no, interno (reconsideración de la propia vocación o profesión, nada menos).

¿QUÉ PUEDE ESTAR REFLEJANDO DE NOSOTROS QUE APAREZCA EL MIEDO?

Esta emoción tiene que ver con la posibilidad de perder algo que se considera valioso o vital. Desde ese punto de vista, obviamente, lo esperable es que uno reaccione con temor. Es, en este caso, una muestra de salud mental y no lo contrario, por molesto que nos parezca y por mucha prisa que tengamos en revertirlo.

Habla bien de nosotros que tengamos miedo a veces. Nos pone en marcha y nos protege cuando el miedo está equilibrado, aunque sea intenso. Nos habla de nuestra fragilidad y nuestras limitaciones, dos asuntos que son absolutamente ciertos, por poco que nos gusten. Cuando, donde debería estar, no se le ve por ningún lado, lejos de ser algo positivo ha de considerarse motivo de preocupación. Se llama temeridad.

El exceso y defecto en la aparición del miedo son, entonces, igualmente problemáticos:

+ cuando alguien lo manifiesta de más, será más proclive a paralizar con frecuencia su vida y avance,

+ mientras que quien no lo siente —ni padece— se «lanza» tal cual a situaciones que son peligrosas, más allá de que así las considere o no.

El peligro, entonces, es un elemento objetivo. La valoración que se le da, por el contrario, es personal, y podemos estar valorando como importante una amenaza inexistente o, por el contrario, ignorando completamente un verdadero problema. De eso dependerá que hablemos de ansiedad o temeridad, respectivamente.

Por otro lado, tener miedo hablará bien de nuestro instinto de supervivencia, la sensibilidad ante las amenazas, cuán cerca estamos de la realidad y sobre nuestra capacidad para reaccionar emocionalmente, si toca. Entonces, no es una humillación sentir miedo. Es un regalo y, en ocasiones, más que oportuno.

¿A DÓNDE PUEDE LLEVARNOS EL MIEDO SI LO USAMOS COMO BRÚJULA?

Cuando las personas usan el miedo (o la ansiedad y derivados) como brújula, la primera respuesta natural puede ser bloquearse, huir, y ya está. Esto, sin embargo, en ocasiones conviene, pero en otras muchas no.

Otra reacción de moda consiste en hacer que la amenaza no existe. «Ojos que no ven, corazón que no siente», decimos en esos casos. Craso error.

Los peligros reales han de ser abordados. No de forma temeraria, por supuesto, sino afrontándolos y haciendo lo que haya que hacer:

+ Si lo prudente es huir, ¡perfecto! ¡Hazlo! Es lo que yo intentaría seguramente si un perro quisiera morderme, por ejemplo.

+ Por otro lado, imagina esa conversación con tu jefe absolutamente necesaria para superar la depresión que te ha generado el ambiente laboral, y que ya no debes posponer más. Aquí, si lo que toca es afrontarlo, la huida no es la mejor respuesta.

  » Es posiblemente esa reacción continuada la que te ha traído hasta aquí y ha evitado que resuelvas lo que —quizá en parte— al menos estaba en tu mano.

  » ¡Claro que es normal temer que tu superior pueda despedirte! Eso es miedo justificado, sobre todo si tienes un mal jefe; pero el peligro de no gestionar los estímulos que nos atemorizan es, a menudo, mayor que el de enfrentarlos con límites asertivos.

Los peligros irreales o desproporcionados, por otro lado, no son amenazas constatables, y han de enfrentarse, entonces, por una doble razón:

+ porque sino, no se superarán,

+ y porque hacerlo no entraña las consecuencias que sospechamos.

Tenemos que darnos la posibilidad de aprender esa lección vital: comprobar que no pasará lo que nos da miedo de la manera que habíamos pensado.

Cuando la ansiedad es usada como brújula, la gente suele pensar que el norte está en el alivio inmediato, pero no solo no es así, sino que sucede todo lo contrario:

+ las conductas de evitación (lo que dejamos de hacer desde que tenemos ansiedad),

+ y las conductas de seguridad (esas cosas «raras» que empezamos a practicar cuando empezamos a vivirlas),

constituyen el principal alimento del que se nutre el problema. Son, dicho de otra forma, la leña que le echamos constantemente a ese fuego. Cuando esto sucede, no puede sorprendernos que la llama no se apague.

Es engañoso el alivio que se nota al inicio cuando huimos inapropiadamente de la situación, por ejemplo, diciendo que no tenemos las gafas para no tener que leer en clase. O cuando usamos «malos trucos» para contener nuestra reacción, por ejemplo, el uso de amuletos, o tomar pastillas que posiblemente ya ni nos hacen efecto.

Esto nos hace creer que ahí está la solución, pero en realidad hemos aprendido la más falsa lección de todas: «Menos mal que he dejado de hacer... o que he realizado... porque, si no, ¿quién sabe qué hubiera pasado?». Realmente nada malo, más allá de pasar un rato desagradable y empezar a remontar el problema.

Tras un alivio inmediato, la próxima vez (seamos honestos) ya seguramente no querrás arriesgarte a dejar de hacer algo que pareció funcionarte «de maravilla». Así que repetirás un mal patrón que, en definitiva, te llevará a empeorar la ansiedad.

Con tal conclusión acaba de empezar para ese individuo una esclavitud a la que está sujeta una cantidad enorme de personas alrededor de todo el planeta, cada vez más, y especialmente en lo que llamamos «el primer mundo». Se ha escogido la evitación del malestar sobre el afrontamiento («lo importante es ser felices, el aquí y ahora...»), y cada vez nos costará más salir de ese bosque, a no ser que dejemos de usar como brújula lo que solo es un indicador de que hay que hacerse más preguntas.

¿Y SI USÁRAMOS EL MIEDO COMO LUZ ROJA QUE NOS AVISA DE ALGO?

Qué duda cabe que, cuando uno está en pleno momento de terror, es prácticamente imposible tomar ese tipo de decisiones si no las hemos considerado antes. Por eso es clave esta reflexión, y decidir con anticipación (cuando no estás en plena emoción) qué hacer en semejantes escenarios.

+ Este miedo/ansiedad que siento, ¿responde a un peligro real?

   » Si es así, ¿cuál es?

+ Si lo identifico, es miedo, y ahora toca protegerse con algunos pasos más.

   » Imagina, por ejemplo, ese perro a punto de morderte:

   › ¿Sales corriendo?

> ¿Le enseñas los dientes tú también?

> ¿Te subes a un árbol?

> ¿Alertas al dueño?

» Cualquiera de esas reacciones serían legítimas ante un peligro real. El miedo, entonces, es un aliado. Solo intenta protegerte —y no sé si estarás de acuerdo conmigo—, pero creo que actuamos ante él mucho mejor de lo que solemos creer.

> Piensa, por ejemplo, en una madre que aunque tiene miedo porque su hijo acaba de hacerse una brecha en la frente y sangra, sigue lo que el instinto le indica que tiene que hacer (operativamente hablando) además de mantener a su niño lo más tranquilo posible mientras llegan al hospital a que lo miren.

> Muchas personas actúan mucho mejor en las situaciones de peligro real de lo que jamás habrían pensado que serían capaces, y este fenómeno es bastante generalizado (piensa también en cómo reacciona la gente cuando hay una catástrofe natural y toca ayudarse unos a otros).

+ La ansiedad o el pánico, sin embargo, son «harina de otro costal», porque tienen la «manía» de colocar en nuestra imaginación la peor circunstancia posible, y además con cero recursos en nuestra mano. Sin embargo, esa no suele ser la realidad. Es una caricatura más que otra cosa, y no se ajusta a los hechos ni a la más común de las situaciones. Casi siempre hay algo que sabemos hacer en esas circunstancias.

» Notamos que lo que hay es ansiedad, más que miedo, porque el acompañante de viaje grita mucho, pero dice poco. La ansiedad es una especie de «desconfiguración del cerebro», muchas veces en forma de miedos inespecíficos, y tiene muy poco de colaborativa. Es, sobre todo, alarmista, pero poco práctica.

» Es cierto que, en ocasiones, la ansiedad se produce ante estímulos específicos —lo que llamamos «fobias»—, pero si lo piensas con detenimiento, no sabemos muchas veces establecer qué es exactamente lo que nos trae inquietud de ello:

> › A veces confundimos el asco con el miedo al peligro (suele ser el caso cuando nos aterrorizan las cucarachas o pequeños bichos).

> › Otras veces tenemos identificado el objeto —por ejemplo, con el pavor a volar— pero no sabemos específicamente qué es lo que tememos en realidad. Los datos reales nos dicen que sigue siendo el transporte más seguro, toda la lógica alrededor es aplastante... pero el miedo nos parece más fuerte. Es más bien ansiedad.

> › En esas situaciones solemos confundir posibilidad con probabilidad, y convertimos en nuestra mente algo prácticamente peregrino en casi seguro. Es ansiedad, de nuevo.

> › También pasa cuando tenemos reacciones de pánico en situaciones en que no puede suceder de ninguna forma lo que tememos (por ejemplo, al pensar en tiburones si uno vive en Madrid, y no en una zona de mar).

Si al hacer estas consideraciones te das cuenta de que tienes más tendencia a la ansiedad que al miedo, hazte lo más consciente posible de que lo que oyes en tu cabeza es solamente el discurso de un «alarmista bienintencionado», pero no de una realidad peligrosa.

> ✦ En ese momento, si ese acompañante fuera una persona palpable, probablemente tomarías la decisión de que si llegara a aparecer otra vez, le agradecerías el favor que ha querido hacerte, pero muy amablemente le pedirías que tranquilice, porque así no te ayuda.

> ✦ En esos casos, alguien así es molesto, pero no peligroso. Si le prestas demasiada atención a un asistente pesado, seguramente en vez de disminuir en sus avisos más bien aumente. Sé estratégico, entonces: deja meridiana tu postura de «gracias, pero no», y establece con claridad qué es peligroso o no lo es. Cuando algo no resulta una amenaza, reaccionar como si lo fuera es el equivalente de matar moscas a cañonazos.

> ✦ Por supuesto, decirle al acompañante que se retire y ya está, no funcionará. ¡Recuerda esto o entrarás en pánico de nuevo! En realidad, al quedarse y continuar insistiendo un rato más, está cumpliendo con la que cree que es su misión: avisarte y rescatarte. Nadie retira la artillería que sacó a la calle pensando que lo que venía era una invasión

alienígena, si no es porque está plenamente seguro de que, en realidad, lo que revolotea es una mosca y nada más. La retirada de los recursos ofensivos y defensivos será, muy posiblemente, lenta hasta que vaya confirmándose que ya no hay peligro. Pero sucederá si le das tiempo para ello. Toca aplicar la paciencia.

+ Lo mejor que puedes recordarte ahí es que así es exactamente cómo funciona la ansiedad, y que más vale buscar algo interesante con lo que entretenerte mientras todo termina de volver a la normalidad.

+ Durante ese rato, «ni mires al acompañante» si puedes evitarlo, o lo recibirá como una invitación para seguir «protegiéndote». Lánzale, por el contrario, un mensaje consistente en términos de «la vida sigue, dejémoslo aquí», y no le quedará más remedio que rebajar la intensidad.

13

ENFADO: «TIENES UN PROBLEMA... Y ES CON ALGUIEN»

¿CUÁL ES EL MENSAJE DIRECTO DEL ENFADO?

«Tienes un problema... y es con alguien».

¿HACIA DÓNDE APUNTA SU MENSAJE DIFUSO?

A diferencia de lo que ocurre con la tristeza, que suele hablarnos de un área de insatisfacción de nuestra vida y es una invitación al cambio, el enfado suele apuntar con frecuencia a las personas que se consideran responsables detrás de esa circunstancia desagradable.

+ No te irritas con algo, sino con alguien.

+ No te enfada el colegio, sino el profesor, quizá, o los compañeros.

+ No te enojas contra el universo, sino con Dios.

+ No te genera ira el concepto de familia o la institución en sí, sino las personas de la tuya que sientes que te han dañado de alguna forma.

Por esta razón, la parte difusa tiene que ver con descubrir qué nos está sacando del carril a la cuneta, y quién pensamos que está detrás de ello, para poder aclararlo.

Qué duda cabe también que en muchas ocasiones los causantes de las situaciones que nos traen ira o enfado somos nosotros mismos.

ALGUNOS «PRIMOS-HERMANOS» DEL ENFADO:

+ Ira
+ Frustración
+ Hostilidad
+ Exasperación
+ Indignación
+ Rabia
+ Resentimiento
+ Furia
+ Irritación
+ Encono
+ Enojo
+ Agresividad
+ Impaciencia
+ Rencor

Comparten en su «ADN» la percepción de una injusticia o incomodidad que se considera intolerable, y desencadena reacciones intensas orientadas, al menos conceptualmente, hacia una recuperación del equilibrio o regreso a una situación que se considere más justa. Lo que se quiere, en definitiva, es un cambio urgente.

¿ANTE QUÉ ASPECTOS DEL EXTERIOR PUEDE ESTAR REACCIONANDO EL ENFADO?

+ Situaciones objetivas de *injusticia o discriminación* (por ejemplo, ante las múltiples situaciones de tipo social que se viven en nuestro mundo hoy).

+ Circunstancias en que *una dificultad interfiere* con la consecución de objetivos importantes (pongamos el caso de una mala página web que nos impide poder presentar a tiempo nuestra declaración de impuestos).

+ Cuando *alguien traiciona nuestra confianza en un compromiso* que se había adquirido (imagina que tu pareja lleva años prometiéndote que en algún momento se casarán, pero finalmente se niega rotundamente y quiere seguir indefinidamente como están).

+ Al *invadirse o transgredirse los límites interpersonales* (por ejemplo, vas a buscar tu camiseta favorita y está sucia porque tu hermana se la puso sin tu permiso).

+ Ante *situaciones amenazantes o violentas que comprometen la seguridad* (por ejemplo, si alguien que te lleva a casa te quiere mostrar las posibilidades de su coche poniéndolo a una velocidad excesiva sin tu consenso).

+ Frente a las *acciones egoístas e interesadas* de alguien que te utiliza o manipula para sus fines personales (cuando, pongamos el caso, un comercial usa tu nombre para facilitar el acceso sencillo a tu vecino y venderle el producto sin tu permiso).

¿QUÉ PUEDE ESTAR REFLEJANDO DE NOSOTROS QUE APAREZCA EL ENFADO?

Si, efectivamente, algo está pasando fuera que justifica la reacción de enfado, no solo es legítimo, sino necesario a nivel de salud mental que aparezca esa emoción.

Hacemos una diferenciación, en cualquier caso, entre lo que *justifica* y lo que *explica* una conducta (o sentimiento), porque no son lo mismo. Una circunstancia externa puede explicar la presencia de un bofetón de una persona a otra (sería una manifestación conductual de la ira), pero no lo justifica. Estos dos asuntos se confunden constantemente en nuestro día a día, generando innumerables nuevos conflictos a su paso.

Este es un asunto más sutil que lo que a algunos puede parecerles. Hasta ahora, mucho de esto era bastante evidente, pero precisamente por la influencia de los valores posmodernos que hemos venido mencionando en varias ocasiones hasta aquí, la confusión va en aumento, y esto lo noto especialmente en la consulta, con bastantes de las expresiones que muchos pacientes hacen a colación de cómo se sienten y cómo otros les hacen sentir, valga la repetición.

Cuando alguien se mueve por hedonismo, egocentrismo, relativismo, materialismo, consumismo, utilitarismo, inmediatismo, superficialidad, individualismo, etcétera, es muy, muy fácil perder el norte en este sentido. En esos momentos, la persona siente que el mundo gira a su alrededor. Lo importante es ella y lo que siente, de forma que lo que hace está «justificado» según su visión:

+ «Si te duele, no es mi asunto, porque lo sientes tú».

  » Aquí poco importa, parece, si quien dio el golpe es responsable. Siente que como está enfadado y hay algo que lo explica (la conducta del otro, supuestamente), no hay nada más que hablar ni de qué retractarse. «Está justificado».

+ «Es malo reprimir o negar las emociones, y yo no voy a hacerlo por nada ni por nadie».

  » Eso sí, en esas ocasiones el ejercicio de «despliegue emocional» solo se permite a una de las partes porque la otra, por descarte, se ve privada de cualquier posibilidad al respecto. «Que lo haga de cualquier forma, está justificado porque siento que tiene sentido». Y no hay más que hablar (¿o sí lo hay?, me dice mi vocecita interna).

Teniendo en cuenta esta aclaración y mirando al extremo opuesto, la ausencia de enfado en los momentos en que sería oportuno (por ser justo), habla de un estilo de personalidad y afrontamiento pasivos, cuya prioridad es huir del conflicto *inter*personal. Esto traerá, seguramente, problemas *intra*personales, y sería lo contrario del *modus* agresivo que acabamos de describir en párrafos anteriores. Tampoco es una buena opción, y trae patología física y mental.

La razón de terminar repercutiéndonos a nivel interno, es que lo que no se resolvió con una conversación incómoda asertivamente, puede dar lugar a somatizaciones como migrañas, úlceras de estómago o cualquier otro efecto psicofisiológico del estrés (incluyendo problemáticas emocionales como ansiedad o depresión).

Expresado de otra forma, lo que no se saca afuera —eso sí, mejor de manera controlada—, nos envenena dentro. Cuando, por el contrario, reaccionamos con enfado proporcionado ante una situación injusta, esto habla de que le damos valor a nuestros derechos y límites, y no es ni pasivo ni agresivo. Se trata de asertividad, de la que hablaremos en breve.

En muchas ocasiones, no tanto por pasividad, sino principalmente por distorsiones en la interpretación de la realidad o por sobrecarga y estrés, las personas reaccionamos con enfados inapropiados.

+ Puede ser una cuestión de irritabilidad que cuando «descomprimamos», seamos capaces de reorientar para bien (aunque habrá que hacer control de daños y reparar lo roto, claro),

+ pero también puede ser un problema de susceptibilidad y explosión como mal hábito e, incluso, rasgo de carácter. En esos casos, podemos estar frente a configuraciones rígidas de personalidad, con tendencia a hacerse expectativas poco realistas, y que esperan de los demás que las cumplan, sea esto justo o no.

Así las cosas, la presencia de enfado no siempre implica que haya razones para la ofensa. A veces puede, incluso, surgir como consecuencia de determinadas condiciones de falta de salud —física o mental—, y también bajo el uso de sustancias (medicamentos o drogas), sin que nadie más nos haya hecho nada.

El fin que se busca en muchos casos, que es traer orden a la percepción de caos, no valida cualquier medio, como decíamos, y más allá de que el contenido de ese enfado sea justificable, en esta emoción particular es fundamental cuidar las formas en que la manifestamos. La clave es que no nos gobierne ni dañe innecesariamente.

¿A DÓNDE PUEDE LLEVARNOS EL ENFADO SI LO USAMOS COMO BRÚJULA?

Precisamente a ese lugar del que todos deberíamos huir: uno en el que el caballo se desboca y le pasa por encima a los demás —y a la larga a nosotros—, en vez de que seamos los que gobernamos la situación.

Que una emoción nos moleste no convierte su interpretación rápida automáticamente en una verdad indiscutible. Las cosas no *son* siempre como las *sentimos*. El sentimiento que produce una realidad es solo una parte de ella. Antes están los hechos, lo que una cámara de vídeo podría haber grabado.

Si te fijas, cuando hablamos de los estímulos externos que pueden llevarnos a una reacción de ira, hacíamos bastante énfasis en la cuestión de la objetividad, y es justo por estas razones. Que estés enfadado solo demuestra una cosa: que estás enfadado, y es por algo. Las cosas no serán necesariamente como las ves a simple vista. Las razones de tu ira pueden anclarse en la realidad de forma ajustada o no, y ese es parte del encargo difuso que debemos resolver: valorar si así es.

Además, muchas veces el enfado se proyecta sobre un estímulo que realmente no es el causante de la injusticia en sí. Digamos que nos peleamos con el humo, pero el fuego está en otra parte, y terminamos haciendo pagar a «justos por pecadores». Seguro que te ha pasado alguna vez. Esto se llama «proyección», y es bastante frecuente.

Sucede especialmente cuando confundimos lo que aceleró la mecha o nos hizo explotar, con lo que vino consumiéndola en el pasado. La gota que colma un vaso no es responsable de lo lleno que está, pero en momentos de enfado no solemos diferenciar estas cosas con mucha facilidad. Esto es por lo que a veces nos vemos pidiendo perdón —en el mejor de los casos— a alguien por cosas que no queríamos decir o hacer, porque no era la persona responsable, o simplemente porque perdimos las formas.

El enfado, cuando se usa dándole rienda suelta y considerando que donde nos lleve está el norte (lo que creemos «justo» en este caso), nos mueve a un pico de adrenalina que resulta a menudo bastante adictivo. Es lo que podríamos llamar hacer uso de nuestro «derecho al pataleo». Al desahogarnos nos sentimos bien, y eso es confuso. Particularmente ha de ser puesto en cuarentena cuando perdemos las maneras, hace daño a otros o está distanciado de los hechos, basándose solo (o sobre todo) en nuestra subjetividad.

Cada vez que reaccionamos de forma desproporcionada nos hacemos un poco más esclavos de esa sensación de alivio que descubrimos cuando explotamos, porque a la subida de adrenalina sigue una bajada, y eso también nos resulta agradable a menudo. Acostumbrados a eso, luego nos cuesta mucho considerar suficiente una reacción moderada. Es como que nos deja a medias. La cuestión es ¿realmente es así?

El «orden» que hemos intentado traer a través de una mala gestión del enfado no responde verdaderamente a un deseo de justicia objetiva, sino a la compensación que creemos que merecemos ante una situación que vivimos como ofensiva. Dicho de otra forma, lo que queremos es que desaparezca la molestia, buscar una satisfacción en ese momento oscuro, y queremos que alguien pague... pero eso y la justicia real no son lo mismo.

Nuestra excesiva inclinación hacia el egoísmo y el egocentrismo están convirtiéndonos, cada vez más, en personas agresivas, intrusivas, cuya emoción «comodín» es el enfado por todo. Ojo, porque algunas se autoatribuyen el diagnóstico de personalidades altamente sensibles, cuando en realidad bien podrían ser personalidades altamente *irritables e irritantes*.

Conozco muchas personas que tienen una sensibilidad extraordinaria y que, sin embargo, ante aquello que les frustra o afecta, deciden hacer gala de un autodominio admirable por el que no lo tienen con nadie. No van de «auténticos» (que es como algunas personas llaman hoy en día a lo que claramente es falta de autocontrol y empatía). Esa «autenticidad» es la forma políticamente correcta y mucho más conveniente para los propios intereses en la que a menudo se denomina al egoísmo, y que dice algo así como «a mí me da igual cómo tú te sientas al respecto, aquí lo importante soy yo». ¿Con quién están enfadadas las personas para comportarse así? Me parece una pregunta interesante...

Por todo esto que explicamos, muchas de nuestras reacciones de enfado han de ser colocadas bajo un doble escrutinio, entonces:

- ✦ ¿Hay una situación injusta realmente por la que me enciendo?
- ✦ Y ¿cuál es la verdadera motivación detrás de mi reacción de enfado?

¿Y SI USÁRAMOS EL ENFADO COMO LUZ ROJA QUE NOS AVISA DE ALGO?

Estas dos preguntas que acabamos de hacernos y que son un «doble filtro» para analizar la legitimidad de nuestra ira y su posible expresión, nos llevan en la dirección correcta para hacer el mejor uso posible de la emoción.

Qué duda cabe que no somos infalibles. La ira es legítima y necesaria en ocasiones, pero hemos de saber usarla bien, y atarla pronto. Como el enfado incluye en su ADN, prácticamente, el elemento interpersonal (recuerda que no está tan referenciado a *algo* como a *alguien*), las repercusiones de gestionarlo mal influyen determinantemente en otros. Emociones como la tristeza o el miedo nos mueven hacia dentro, pero la alegría y el enfado son más bien expansivos, para bien y para mal.

Si no tenemos en cuenta, entonces, que podemos equivocarnos con facilidad y que estas emociones relacionadas con la ira pueden hablar tanto de lo que pasa fuera como de lo que pasa dentro de nosotros, daremos como verdad absoluta nuestro sentimiento y no miraremos más. Las posibilidades de equivocarnos serán casi infinitas. Los daños a otros por el camino también.

Si utilizáramos el enfado como luz roja desde sus primeras manifestaciones, no dejando que se nos acumulen los «deberes sin hacer» (como también nos pasaba especialmente con la tristeza, según vimos), muchas veces no necesitaríamos las explosiones de ira de las que hacemos uso. Podríamos, ante una situación que se nos hace injusta por primera vez, detenernos, preguntarnos si es real o somos nosotros los que percibimos mal las cosas, y en base a eso tomaríamos acción inmediatamente para devolver el orden a esa situación. No estaríamos tan desbordados en nuestro enfado como para necesitar explotar, y la vuelta a la normalidad —junto con un cambio de escenario— no se harían esperar. Lo que suele suceder, sin embargo, es bien distinto. En ocasiones nos da miedo el conflicto, y eso aumenta las posibilidades de abuso para quienes no tienen problema en tenerlo:

+ Los perfiles egoístas («agresivos» se llaman técnicamente) se muestran a sus anchas cada vez que alguien, pasivamente, decide dejar pasar una situación injusta.

+ Nosotros a veces decidiremos dejar algo correr, no por pasividad, sino siendo asertivos internamente, porque es estratégico decidir qué batallas han de pelearse y cuáles no (nuestras fuerzas y energías son limitadas).

+ Sin embargo, si se percibe que la situación se complica una segunda vez —sin haberse abordado una primera, que sería lo ideal, si conviene—, la tendencia pasiva a dejar que la cosa siga no nos ayudará, ni al otro tampoco. Expresa la lección equivocada: «No pasa nada. Puedes hacerme lo que quieras, que no reaccionaré. Lo importante es que no haya confrontación».

Aquí es donde topamos con un asunto vital: el enfado nos habla de que hay que gestionar un conflicto, y nosotros tendremos que establecer si se trata de uno gratuito o necesario.

+ De los primeros hay que huir, porque no sirven para nada más que para desplegar adrenalina por doquier, y producen un buen número de damnificados por el camino (nosotros incluidos).

+ En el segundo caso, hemos de considerar verlos como parte de la solución, porque son los que nos permiten poner el orden que, precisamente, estábamos echando de menos, y por el que surgió la emoción del enfado en primer lugar ante la injusticia.

Si estamos ante una situación realmente desordenada que demanda una reacción de nuestra parte (algo en nuestras «tripas» clama por ajuste y reacomodación), tenemos que plantearnos un triple movimiento:

+ expresar la *verdad* de lo que está pasando

+ de una forma *cuidadosa* con el otro y con nosotros

+ para generar un *cambio más justo* que nos devuelva al orden.

Es lo que en psicología se llama asertividad, y el antídoto más extraordinario para gestionar el enfado, además de ser tremendamente eficaz, porque:

+ no permite concesiones en cuanto a la verdad (dice al pan, pan; y al vino, vino)

+ no desatiende al otro en pro únicamente de uno mismo (luego no tiene nada que ver con el egoísmo ni con ser agresivos, por si alguna persona con tendencia pasiva está valorándolo así),

+ y ya por último, suele ser la única posibilidad saludable que tenemos de volver a un estado de equilibrio, donde quien abusaba descubre que no puede hacerlo sin que haya respuesta, y donde quien percibió desajuste puede hacer algo activamente por remediarlo.

14

SORPRESA: «¡ATENTO A LA NOVEDAD!»

¿CUÁL ES EL MENSAJE DIRECTO DE LA SORPRESA?

«¡Atento a la novedad!».

¿HACIA DÓNDE APUNTA SU MENSAJE DIFUSO?

A que consideremos si se trata de una novedad positiva, agradable y beneficiosa o, por el contrario, de algo también inesperado que puede colocarnos en peligro.

Se produce de forma más intensa en tanto más implicaciones directas tiene para nosotros esa nueva circunstancia y qué tanto está en riesgo.

Precisamente por esta dualidad que presenta cualquier situación novedosa, que nos obliga a separar peligro de oportunidad, la sorpresa se suele transformar o complementar con cierta facilidad:

+ hacia la alegría, si la circunstancia es positiva,

+ o en dirección a alguna emoción de signo negativo, como el enfado, la tristeza o el miedo, si lo que está aconteciendo es negativo o nos ha hecho creer que así era sin razón.

La emoción vuelve a ponernos ante la necesidad de considerar cuáles son realmente los hechos objetivos, y a valorar la idoneidad de nuestra reacción y su proporción, para saber cuál es el siguiente paso.

ALGUNOS «PRIMOS-HERMANOS» DE LA SORPRESA:

+ Asombro

+ Estupefacción

+ Impresión

+ Incredulidad

+ Desconcierto

+ Estar atónito

+ Desorientación

+ Perplejidad

+ Deslumbramiento

+ Aturdimiento

+ Pasmo

+ Admiración

+ Deslumbre

+ Sobresalto

+ Consternación

+ Bloqueo emocional

Comparten en su «ADN» que surgen ante eventos inesperados o situaciones que desafían las expectativas que se tenían sobre algo, trayendo una especie de bloqueo más o menos duradero que debe ser analizado para actuar en consecuencia con el estímulo que lo produjo. Puede asociarse a experiencias positivas o negativas.

¿ANTE QUÉ ASPECTOS DEL EXTERIOR PUEDE ESTAR REACCIONANDO LA SORPRESA?

Algunos de los estímulos más frecuentes ante los que aparecen las emociones de la familia de la sorpresa son, por ejemplo:

+ regalos inesperados,

+ noticias y novedades,

+ encuentros con alguien que hace tiempo que no vemos,

+ sucesos poco frecuentes (un cupón ganador de la lotería),

+ cambios en nuestras dinámicas de vida o situaciones vitales importantes (una enfermedad, por ejemplo, o un embarazo, una boda, etc.),

+ un descubrimiento o casualidad ante nosotros (por ejemplo, en el fenómeno conocido como *serendipia*, por el que se es consciente de hallar algo importante sin buscarlo a propósito),

+ el cumplido o crítica de alguien que no esperábamos en términos imprevistos (quizá pensabas que un examen había salido bien y el profesor te regaña por el resultado, o al revés),

+ errores o malentendidos (lo que puede traer una información sorprendente también sobre cómo se ven las cosas desde fuera, o cómo otro las entiende, más allá de cómo las vemos nosotros),

+ una revelación insospechada (por ejemplo, al descubrir un secreto o saber que algo se estaba ocultando), etc.

La sorpresa surge, entonces, cuando algo rompe la estabilidad o lo esperable, al menos. Aparece ante estímulos que se preveían de forma distinta, o de los que simplemente no se tenía noción.

¿QUÉ PUEDE ESTAR REFLEJANDO DE NOSOTROS QUE APAREZCA LA SORPRESA?

La sorpresa puede tener carácter positivo o negativo según como se viva, y no siempre coincidiendo con el signo del estímulo externo. Lo que sí hace es demostrarnos que estamos atentos a lo que sucede fuera. No sorprenderse por nada no suele ser algo bueno.

Recordemos, por otro lado, que la emoción es una reacción absolutamente subjetiva y personal que conecta lo que pasa fuera con los significados que en nuestra interpretación le asignamos dentro. Se pueden dar casos aparentemente inexplicables.

+ Podríamos tener —y, de hecho, mucha gente tiene— una sensación negativa de sorpresa al recibir un regalo (algo que, en general, se consideraría positivo). En esos casos es importante intentar entender el porqué de esa incoherencia aparente, ya que puede haber algo más detrás, y así suele ser:

» Pudiera ser que la persona no se sienta cómoda con los regalos porque en el pasado intentaron «comprarla» con ese tipo de gestos.

» Tal vez duda de las intenciones de quien le hace el ofrecimiento o piensa que la comprometerá a algo que no está dispuesta a hacer, porque nunca pidió nada ni le resulta apropiado el regalo.

» Puede que simplemente no le agrade convertirse de repente en el centro de atención, si es que recibe el presente en público.

» En casos más complejos, tal vez considera que no merece nada positivo por creerse una persona despreciable desde su baja autoestima.

La base de la emoción en unos casos u otros es completamente distinta, y su abordaje, por extensión, también.

✦ Igualmente, hay personas que muestran una reacción de sorpresa con signo positivo —se les ve felices, en definitiva, y querrían repetir— al saber de algo negativo que le pasa a otra persona.

» Sucede así, por ejemplo, en el caso de la envidia, y en perfiles como los de la psicopatía.

» Es, por tanto, conveniente conocer qué hay detrás de esa aparente incoherencia entre el signo del imprevisto y la emoción que se siente como respuesta ante él, porque puede tener ciertas implicaciones.

En un sentido, las personas funcionamos de forma que si pudiéramos escoger permanecer indefinidamente en nuestros estados favoritos, los elegiríamos sin dudar. En ese aspecto, somos de tendencia inmovilista y preferimos la estabilidad. Aunque parezca contradictorio, incluso a quienes les gustan los imprevistos y la adrenalina, elegirían que nunca dejara de haberlos al estilo de lo que les gusta, lo cual en un sentido es también una forma de permanecer en lo mismo.

Queremos los cambios que queremos, valga la repetición, y eso es una manera de intentar tener el control sobre lo que pasa alrededor. La sorpresa nos prepara, y en cierto sentido nos pone en guardia, y de forma más o menos inmediata tras el impacto del estímulo, empezamos a valorar el sentido de este, considerándolo positivo o negativo, y actuando en consecuencia.

La intensidad del elemento sorpresivo es, por otro lado, una clave muy importante de lo que conviene tener en cuenta para considerar si la reacción es proporcionada o no. No es solo una cuestión cualitativa o de signo, entonces, sino también cuantitativa.

+ Pensemos, por ejemplo, en las diferencias de reacción entre que nos regalen un helado o un auto,

+ o en cuánto nos sorprende que a un niño pequeño, por otro lado, le genere mucho más agrado, alegría y sorpresa la caja que contiene el juguete que el regalo mismo que hay dentro.

Nos puede parecer muy congruente lo primero y muy desconcertante lo segundo, pero de nuevo todo cobra sentido cuando comprendemos qué se mueve detrás de la novedad, y cuál es el mensaje difuso y particular de la sorpresa que mostramos.

¿A DÓNDE PUEDE LLEVARNOS LA SORPRESA SI LA USAMOS COMO BRÚJULA?

En toda reacción de este tipo se produce un cierto bloqueo en el pensamiento y la conducta. El primero se da mientras llegamos a comprender qué está pasando, y el segundo tomará aún un tiempo mayor si realmente aplicamos el análisis racional, lo cual no es siempre la situación más frecuente.

Cuando usamos la sorpresa como brújula corremos dos riesgos que esencialmente nos recordarán a los que describimos al hablar de las demás emociones de signo positivo (la alegría y derivadas) o negativo (tristeza, miedo y enfado, según sea el caso). La razón es simple:

+ Ante una sorpresa que consideramos positiva, y la emoción se torna en alegría, desearemos reproducir esa sensación, y es fácil que nos dejemos llevar por el nuevo sentimiento. Recomiendo echarle un vistazo de nuevo a aquel otro capítulo en el que hablábamos de los riesgos de usar la alegría y sus derivados como brújula, para aplicar aquí las mismas consignas.

+ Por otro lado, ante una sorpresa que no nos agrada y según sea el tono del estímulo, esa emoción dará lugar a otras de signo negativo, por tanto, los riesgos de usarla como brújula se asemejarán a los que en su momento describimos para la tristeza, el miedo y el enfado.

Las reacciones postsorpresa, entonces, pueden ser casi infinitas en base a la lectura personal que se hace del estímulo, como venía pasando hasta aquí. El problema es cuando esa observación no se produce y la sorpresa se trata con superficialidad o sin entenderla. Además, es habitual que alrededor de lo que no conocemos o nos desconcierta se produzcan sesgos de interpretación y distorsiones que nos compliquen el cuadro aún más.

Uno de los errores frecuentes ante lo que nos sorprende por primera vez es la generalización (darlo por frecuente o permanente, cuando quizá solo sea algo puntual). Ante esa novedad, cada uno nos protegemos a nuestra manera:

+ A veces, esa generalización tiene más aspecto de ser el miedo hablándonos que cualquier otra cosa. En personas cuya emoción comodín sea la angustia, pasará así, y las veremos cerrándose ante cualquier cosa que resulte novedad, porque las pone nerviosas.

+ Cuando la emoción prioritaria, por otro lado, sea más bien la tristeza, las sorpresas pueden llevar a un tinte depresivo.

+ En los casos en que el individuo se enfada con facilidad, la reacción de sorpresa puede terminar con una manifestación agresiva, desproporcionada, porque la persona siente que ha perdido el control, o quizá cree que está siendo amenazado o humillado, y prefiere cortar el asunto de raíz.

No es tan sencilla o «básica», entonces, la sorpresa, como inicialmente podría parecernos.

En todo caso, lo que resulta interesante es —precisamente por esto— seguir observando, porque lo que no sabemos por falta de información requiere de una doble o triple mirada que con el tiempo nos aporte los datos que estamos necesitando. Es lo que hacemos cuando decidimos considerar cualquier sorpresa como una luz roja que nos invita a seguir haciéndonos preguntas.

No quisiera avanzar en la reflexión, sin embargo, sin considerar una reacción habitual que muchas personas tienen ante la sorpresa intensa cuando la consideran como brújula, y es la parálisis sostenida. Es lo que llamaríamos —según en qué contextos— *shock*, lo que implica un nivel de impacto potente ante el que la psique quizá escoge, muchas veces involuntariamente, replegarse y no hacer nada al respecto. Sin embargo, la realidad suele requerir una respuesta, y si la persona no puede darla por sí misma, es evidente que puede necesitar ayuda, y en ocasiones ayuda profesional.

Es lo que sucede cuando la persona se ve sorprendida por una catástrofe natural (que impacta sobremanera, sin duda) o ante la violencia de una persona sobre otra, lo cual es mucho más difícil de digerir y puede suponer un golpe traumático muy superior que lo anterior.

Moverse continuamente de lado a lado entre los dos polos que pueden ser:

+ no pensar en absoluto, por una parte (evitación, negación o represión de la emoción),

+ o sobrepensar y rumiar cada aspecto de lo sucedido (lo que comúnmente se llama parálisis por análisis),

son dos claros ejemplos de dónde no se encuentra el norte, por mucho que el impacto pueda invitarnos, a ir hacia allí.

¿Y SI USÁRAMOS LA SORPRESA COMO LUZ ROJA QUE NOS AVISA DE ALGO?

Bien empleada, la sorpresa puede ayudarnos a conocer mejor el mundo, ajustar nuestras expectativas y mantener una visión más amplia ante lo que acontece y sus posibilidades.

Evidentemente no nos hacemos demasiadas preguntas o consideraciones ante todas las sorpresas que recibimos (aunque siempre sería recomendable, del tipo «esta persona me está intentando mostrar afecto con este regalo, así que voy a intentar tener eso en cuenta a pesar de mi reacción inicial»). Sin embargo, ante algunas en particular, es especialmente importante meditar en qué ha pasado allí, para sacar conclusiones certeras.

Recordemos, en cualquier caso, que trabajamos con hipótesis de trabajo, como ya vimos anteriormente, y no tenemos que saberlo todo para empezar a funcionar. Albergamos sospechas, acumulamos indicios, y con ellos empezamos a movernos, eso sí, sin considerarlos como hechos consumados.

Es lo que sucedería, por ejemplo, ante la sorpresa de encontrarte en casa, tirada por el suelo, una pieza de puzle (rompecabezas). ¡Nunca se tira a la basura tal cosa! Más bien se guarda a la espera de poder identificar a qué rompecabezas pertenece, y eso se hace acumulando otras posibles piezas conforme se vayan encontrando. No aparecerán todas a la vez ni cuando las buscamos. De momento no tenemos toda la información, pero la guardamos en un cajón, para interpretarla cuando se pueda.

Cuando van apareciendo otras piezas, y al ponerlas juntas, podemos descubrir que aquello que nos parecía un plátano es, por ejemplo, un limón, o quizás un *Minion*, aquel personaje simpático que acompañaba al villano Gru por todas partes. ¿Qué te parece? Es una cuestión de observación, de acumulación de pistas y de sacar conclusiones llegado el momento.

Si te encuentras con un elemento sorprendente, no lo desestimes, porque te invita a seguir recogiendo datos. Te dice «aquí ha pasado algo que no preveías, y a lo mejor es importante». Si no lo es, siempre puedes desestimarlo cuando hayas acumulado evidencia que lo justifique, pero mientras tanto, toma la sorpresa como la pista que es, y sigue observando.

Las sorpresas a veces nos traen los mayores regalos y conclusiones de nuestra vida. Pasa, por ejemplo, cuando entendemos que contra todo pronóstico hemos crecido y madurado en medio de la dificultad y las situaciones adversas. Eso no significa que debamos buscarlas, pero debiera ayudarnos a encararlas de una manera más positiva, y concederle a la circunstancia algún valor de provecho, al margen de cuán poco nos guste la manera en que se produce. De las sorpresas aprendemos lecciones.

En esas situaciones podemos descubrir, también con admiración, cómo muchas personas se vuelcan en otras en medio del sufrimiento, y eso nos reconcilia con una humanidad que a menudo nos decepciona (otro tipo de sorpresa, si lo piensas). De igual forma, se dan también de tipo negativo en términos de sensación de traición y deslealtad cuando aquellos a quienes considerábamos amigos resultan estar más cerca de sus propios intereses que de los de la amistad en nuestros momentos oscuros. ¡Qué importante es en esos casos que las sorpresas nos lleven a preguntarnos quiénes son nuestros verdaderos amigos y quiénes no! Pudieran ser, simplemente, situaciones puntuales las que observamos con sorpresa, pero podrían estar también albergando patrones que nos interesa conocer, ¿no crees? La sorpresa es una luz roja tremendamente potente.

Por estas y otras situaciones sorprendentes, parece que la llamada a la reflexión va en la línea de considerar, por un lado:

+ cuál era nuestra expectativa,

+ qué puede estar diciendo a gritos la novedad que tenemos delante (que pudiera serlo solo porque es la primera vez que nos la encontramos, pero puede constituir un patrón habitual del que hasta ahora, no éramos conscientes);

+ y procurar resolver esa disonancia cognitiva que produce la emoción en una doble línea...

  » o tomar buena nota y ajustar nuestra percepción de la realidad (algo que recomendamos como la mejor opción),

  » o ignorar lo que la realidad nos muestra con esa sorpresa y permanecer en nuestra propia interpretación personal, al margen de lo que dicen los hechos.

15

ASCO: «POR SI ACASO, MEJOR NO»

¿CUÁL ES EL MENSAJE DIRECTO DEL ASCO?

«Por si acaso, mejor no».

¿HACIA DÓNDE APUNTA SU MENSAJE DIFUSO?

Como ha venido pasando hasta aquí con el resto de las emociones básicas, tenemos que descubrir a qué aspecto específico se refiere este mensaje. De nuevo, el estímulo puede estar fuera, pero el desencadenante es nuestra interpretación del asunto, por lo que habremos de hilar fino otra vez.

Más allá de localizar el elemento que lo produce, la clave está en el «por si acaso». Al fin y al cabo, se trata de una advertencia. En un sentido, resulta más dramática que el miedo, que también nos avisaba de peligros. La impresión de urgencia y rechazo aquí es mayor, por lo que conviene prestarle un extra de atención al aviso. Entre un «seguro que no» y un «por si acaso...», el sentido común debiera movernos hacia el segundo. Hablaremos de esto más adelante.

El asco, en general, está orientado a la supervivencia, pero va mucho más allá de lo que comemos o bebemos, que quizá es lo primero que viene a nuestra mente. En un sentido más general, tiene que ver con lo que en definitiva nos hace mal, y puede ser intangible, tanto que nos resulte difícil darnos cuenta de ante qué estamos reaccionando.

De ahí que cuando sentimos esa o cualquier otra emoción, conviene pararse en el instante y pensar ¿hacia dónde apunta esto? Porque es posible que nos esté ayudando a distinguir, incluso, entre indeseable, peligroso, injusto... o inasumible.

+ ¿Tal vez hacia algo podrido o que huele mal, lo cual sería relativamente fácil de identificar? El siguiente paso sería localizarlo para desecharlo o alejarnos.

+ ¿Animales o entornos insalubres de los que conviene apartarse? Igualmente, no daríamos más pasos hasta no saber por dónde andamos.

+ ¿Puede ser, quizá, hacia algo que consideramos moralmente reprobable y de lo que preferimos o debemos estar alejados? Pueden ser acciones, reuniones, actitudes, intenciones, planes, conversaciones... que generan en ti un rechazo y de las cuales no te quieres hacer cómplice en ningún sentido, y luego tu reacción es similar a la que tendrías ante un elemento tangible.

+ ¿O podría ocurrir que —tal como alguna vez observé en la consulta— la mente esté confundiendo el asco con algo más, como un sentido inapropiado de peligro que nos hace vivir en ansiedad? Recuerdo un caso de TOC en el que cada vez que la persona sentía asco por algo (y era con casi todo y muy a menudo), se le disparaban todas las alarmas, con lo que compulsivamente procuraba equilibrar esa sensación a base de controlar cada pequeño aspecto de su vida, y alinearlo con lo que ella pensaba que debía ser. Realmente lo que había era una hipersensibilidad al peligro, una necesidad de control no satisfecha correctamente, y una acción poco sopesada respecto a qué estaba pasando allí realmente en cuanto a lo emocional. Identificar y poner nombre correcto a cada emoción fue buena parte de la clave para conseguir mejoría, además de intentar comprender su mensaje.

Ya hemos tenido la oportunidad de ver que el terreno emocional es un ámbito complejo. Ni siquiera en algo tan aparentemente directo como resulta el asco es tan fácil concretar el mensaje. En cualquier caso, siempre debemos hacernos la pregunta y generar la correspondiente hipótesis, lo que se aterriza en «creo que siento que ante esto mi mente me dice que mejor no, porque...» y seguir valorando cuál es su anclaje en la realidad.

+ ¿Resulta conveniente apartarse? Hagámoslo.

+ ¿Es quizá una exageración? Ponderemos esa urgencia que el asco nos impone, y valoremos si, más bien, el fuego está en otra parte.

ALGUNOS «PRIMOS-HERMANOS» DEL ASCO:

+ Repugnancia

+ Náusea

+ Desagrado

+ Aversión

+ Desprecio

+ Rechazo

+ Horror

+ Incomodidad

+ Malestar

+ Fastidio

+ Aborrecimiento

+ Asqueo

+ Molestia

+ Repulsión

Comparten en su «ADN» una reacción casi visceral ante algo que produce profundo rechazo. El estímulo en cuestión genera una impresión desagradable que nos mueve a alejarnos para protegernos sin dilación.

¿ANTE QUÉ ASPECTOS DEL EXTERIOR PUEDE ESTAR REACCIONANDO EL ASCO?

Las situaciones externas que más frecuentemente pueden desencadenar el asco, más allá de la subjetividad de cada cual (porque nos lo generan cosas diferentes) son:

+ alimentos en descomposición,

+ malos olores, o muy fuertes,

+ fluidos corporales,

+ animales que pueden ser portadores de enfermedades o que resultan desagradables, inquietantes, o sinuosos, sin más;

+ elementos que pueden comprometer nuestra salud en general,

+ texturas desconocidas o a las que no estamos especialmente habituados,

+ acciones o propuestas que nos resultan moralmente inaceptables o fuera de lugar,

+ la idea de participar en cualquiera de estas cosas, que puede producir en nosotros un rechazo similar al que notaríamos en caso de estar sucediendo realmente, etc.

Una de las curiosidades que puedes comprobar en relación con esta emoción es cuán potente resulta en nosotros recrear mentalmente el estímulo para producir el sentimiento. Pareciera que nuestra mente no distingue demasiado entre lo real y lo imaginario en estos casos, y el escalofrío que recorre nuestro cuerpo al imaginarnos comiendo algo podrido o rememorando un olor desagradable, en ocasiones puede ser tan fuerte como exponerse al elemento en vivo.

Ya por último, el asco también tiene que ver con una novedad a la que se asocia un potencial elemento de peligro, pero no siempre es así.

+ Muchas veces la posibilidad de daño es real, como por ejemplo ante una tarántula, donde encontramos más repugnancia en su movimiento ultralento que en su veneno (sobre el que pensamos, en el mejor de los casos, después).

✦ Sin embargo, también hemos de reconocer que nos repelen cosas que no tienen el potencial de hacernos mal (la textura de un puré de verdura, por ejemplo).

Este es un fenómeno cada vez más extendido entre nosotros, y tiene mucho más que ver con nuestras sociedades del bienestar —donde tenemos gran variedad donde elegir y con el condicionamiento al que sometemos ciertos estímulos— que con cualquier otra cosa.

¿QUÉ PUEDE ESTAR REFLEJANDO DE NOSOTROS QUE APAREZCA EL ASCO?

Sin duda que las personas reaccionamos como reaccionamos a lo que reaccionamos, valga la repetición. Y aunque parezca una idiotez lo que acabo de plantear, sería el equivalente a decir que «como gustos, hay colores». No mandamos sobre lo que a cada cual le da asco (o miedo, o tristeza... aunque hay «tendencias estrella»), y si nos manifestamos así ante los estímulos apropiados, la emoción está indicando que funcionamos adecuadamente y que nuestros «sistemas de seguridad» funcionan. El asco, como el miedo, pretende protegernos.

Sin embargo, de alguna manera, nuestro lenguaje nos está convirtiendo en personas cada vez más susceptibles a reacciones que asociamos con el rechazo o la repugnancia y que realmente no tienen nada que ver con ellos. Lo explicaré un poco más, porque hay bastante que rascar ahí.

No debemos tener problema cuando la aversión aparece en momentos oportunos. Muchos, sin duda, lo son (comida podrida, olores muy fuertes, conductas despreciables...); sin embargo, está pasando cada vez con más frecuencia que confundimos lo que no nos encanta (o no es nuestro favorito, simplemente) con cuestiones de «asco», y esto es algo que no sucedía antes, o quizá ni se planteaba, ni se hubiera permitido con tanta facilidad. No es asco, sin embargo se le pone ese nombre, y eso confunde.

Escucho a la gente decir «¡Qué asco!» ante, por ejemplo, opiniones que no coinciden con las suyas. Esto pasa especialmente con cuestiones vinculadas a temas sensibles como política, religión o ideología (que no es más que una forma de religión secular en muchas ocasiones, y que levanta las mismas pasiones, como las otras dos mencionadas). ¿Seguro que la mejor denominación que podemos hacer de una opinión distinta a la nuestra es en términos de «asco»?

En un contexto más amable y menos beligerante que el que nos ofrece la calle, no es infrecuente en nuestros hogares que —sobre todo con niños y adolescentes— abran la despensa para buscar merienda o tentempié, y teniéndola a rebosar digan que no hay nada.

Para ellos, si no está lo favorito, falta merienda, y si no es su ideal, a veces hasta les da «asco». Aparece, entonces, la mención de esta emoción ante estímulos que en realidad no tienen ningún problema objetivo. Es simplemente una cuestión de polarización, como la que observamos de forma preocupante en todos los aspectos de la vida.

Tampoco son escasos los adultos que hacen lo mismo, si lo piensas, y evidentemente esto no habla bien de nosotros, ya seamos los que lo expresamos o los que lo permitimos. Nos falta conciencia de problema y la sensibilidad que se requeriría para vivir en un mundo como este sin perder el norte como niños caprichosos.

Es curioso que la reacción emocional no se carga de significado hasta que pasa por el córtex cerebral. Cuando algo nos da asco de verdad, la reacción es inmediata. No sabemos ni por qué sucede, pero aborrecemos lo que tenemos delante. Sin embargo, muchas de las cosas a las que hemos llamado «asquerosas», con frecuencia están racionalizadas, es decir, pasadas por el filtro de la opinión que a menudo usamos a conveniencia para justificar lo que queremos (o lo que, en este caso, *no* queremos).

+ Por ejemplo, una rata nos da asco a la mayoría. Es visceral, violento, involuntario... y si lo pensamos ya más detenidamente, entendemos de forma rápida por qué es así y la razón de que deba seguir siéndolo. Hay mil razones por las que no debería encantarnos «socializar» con animales como las ratas.

+ Ahora bien, ¿cuántas veces podemos tomar determinadas decisiones que luego justificamos bajo la categoría de «asco» porque, por definición, nadie puede ni debe meterse con lo que sentimos?

Creo que a estas alturas de nuestra reflexión, podemos estar de acuerdo en que hay mucho de autoengaño en el mundo de las emociones; y este asunto del asco es uno de los espacios emocionales que se presta a ello con facilidad, en especial en el último tiempo. Es un tema de deseos, como suele pasar.

¿A DÓNDE PUEDE LLEVARNOS EL ASCO SI LO USAMOS COMO BRÚJULA?

Toda esta consideración nos puede hacer ver hacia dónde nos movemos cuando le damos exceso de presencia o cancha a una emoción, en este caso la que nos ocupa: el asco. Si cada vez que la experimentamos la usamos como brújula, no debe sorprendernos que con el tiempo tengamos una vida en la que ese sentimiento ocupe progresivamente un cargo de mayor preeminencia.

Hace unos años conocí a alguien en cuyo discurso estaba omnipresente la palabra «asco». Lo decía tan frecuentemente y era tan expresiva cuando lo evocaba, que los gestos de su cara eran constantemente un reflejo de esto.

+ Algunas de las sensaciones de asco, en lo referente a la comida, por ejemplo, ya se convertían sospechosamente en «alergias» —cuando eran del todo peregrinas y, honestamente, creo que tenían más que ver con gustos personales que con que realmente no pudiera consumir ciertas cosas—. Confundía *no poder* con *no querer*.

+ Todos los olores eran «asquerosos». No había término medio. Cualquier espacio o lugar conectado con el estímulo en cuestión también era considerado un «asco» (por ejemplo, el restaurante donde se sirviera alguna clase de frito, aunque el lugar estuviera impoluto y la comida fuera de calidad).

+ Era inevitable que, sin ninguna mala intención, cuando se le ofrecía algo que no era plenamente de su agrado, aunque no dijera la palabra «asco» porque hubiera sido de extremo mal gusto, su cara no dejaba lugar a dudas. Hacía mucho tiempo que todo su hacer estaba impregnado por esta emoción, que se había constituido en su sentimiento comodín.

Hablábamos párrafos atrás de la vinculación de estas apreciaciones extremas con el estado de bienestar. En tiempos pasados, evidentemente, no se tenían tantas opciones como para otorgarse el lujo de escoger, y resultaba del todo inaceptable expresarse como «señoritos», fuéramos niños o adultos, en épocas de escasez.

Mi abuelo, un hombre que vivió su infancia en la posguerra civil española, no nos habría puesto precisamente buena cara por decir, por ejemplo, que una comida u otra —en perfecto estado, por supuesto— nos repugnaba. El asco, evidentemente, es otra cosa. Sin duda, nos hubiera impedido (como lo hacían nuestros padres) que la emoción nos gobernara la vida o la despensa, y se nos llevaba a ser rigurosos con nuestras expresiones y honestos con nuestras apetencias. «Dime que no te apetece, pero no me digas que te da asco», nos responderían, y con toda la razón.

Más allá de estos ejemplos, observamos cada vez más en el lenguaje con que nos expresamos que hay una inclinación a polarizarnos, y de ahí que en demasiadas ocasiones lo que simplemente no nos gusta se haya denominado «asqueroso». Esto, creámoslo o no, genera en nosotros por puro efecto gotera todo un condicionamiento acerca de ciertas cosas. El lenguaje termina creando realidades, y nuestra emocionalidad es susceptible a las palabras. La emoción, de nuevo, está siendo usada como brújula, porque está diseñando la realidad, y no al revés.

Deja que una persona diga las suficientes veces que algo es «repugnante», «repulsivo» o «asqueroso», y en un sentido no tardará en serlo, aunque de inicio fuera una exageración. De la abundancia del corazón habla nuestra boca, normalmente, y en este tipo de expresiones se nota también cada vez más nuestra superficialidad y falta de perspectiva.

¿Y SI USÁRAMOS EL ASCO COMO LUZ ROJA QUE NOS AVISA DE ALGO?

¿Cuál es la solución (si la hay) a todas estas cosas? ¿Existe una manera mejor de manejarnos con esta familia de emociones que no implique este tipo de superficialidades?

Como hemos venido haciendo hasta aquí, la clave del asunto vuelve a estar en el ejercicio de examinarlo todo y discernir.

+ ¿Qué me genera asco?

+ ¿Es la mejor manera de denominarlo?

» Si la respuesta es que sí, lo oportuno es aplicar el mensaje directo de la emoción: «Por si acaso, mejor no».

› Es lo que debería pasar, por ejemplo, cuando una persona se ve presionada o empujada a desarrollar una práctica sexual con la que no se siente conforme. En esos casos, lo ideal es la respuesta más conservadora, la que no fuerce inapropiadamente los límites de la persona.

» Si la respuesta fuera no, porque se está llamando asco a algo que es mucho más liviano y una cuestión de preferencias, simplemente, la recomendación es optar por un lenguaje menos extremo que no condicione innecesaria ni incorrectamente la realidad.

> Es comprensible pensar que en ocasiones la línea entre lo opcional o no, lo conveniente o no, lo razonable o no —valga la repetición— sea difusa.

> Ayuda en esos casos procurar diferenciar entre el asco y otras emociones (por ejemplo, imagina que una persona, al tener sexo, llamara «repugnante» a la sensación que puede sentir al desnudarse, cuando en realidad lo más ajustado sería llamarle «vergüenza» o «incomodidad», por muy intensa que sea la sensación).

Suele ocurrir que, tras repetidas exposiciones, la persona se habitúe a elementos que en realidad no son peligrosos —y que solo le provocaban una reacción intensa, de asco o algo parecido—, lo que generalmente mejora su experiencia frente a ese estímulo.

Es lo que le pasa a la mayor parte de las personas con las verduras, por ejemplo. No las soportamos de niños, las toleramos poco o nada en la adolescencia, pero conforme las vamos probando y consumiendo de forma regular, no solo llegamos a aceptarlas, sino que forman parte de nuestras elecciones personales. Es el fenómeno de la habituación.

Sin embargo, cuando no estamos dispuestos a exponernos ante un estímulo beneficioso porque lo hemos vivido con repugnancia por asociación, conviene hacerse algunas preguntas y cuestionarnos si no nos estaremos dejando llevar por la emoción como brújula. En ese caso, nos habremos hipersensibilizado, lo cual solo será realmente oportuno ante estímulos que sean nocivos de verdad.

CONCLUSIONES: ¡PREPARADOS PARA UNA BUENA COMIDA!

Espero que después de este recorrido breve, pero intenso, que hemos tenido por algunas de las emociones más importantes que experimentamos como personas, te encuentres algo mejor preparado para enfrentarte a los retos que plantea la realidad de ser humanos, con todo lo que eso conlleva.

Reaccionar ante el ambiente y frente a cómo lo percibimos es una realidad que vivimos a menudo con pesar; pero es, desde la perspectiva que he querido plantearte con esta obra, un profundo privilegio que nos permite atravesar esta vida de manera significativa, impactando y siendo impactados, valga la repetición.

Que esto suceda de forma positiva depende —como habrás podido comprobar— de desarrollar cierta pericia y, para ello, siempre hay que empezar por el principio: entendiendo de qué se tratas esto que llamamos «mundo emocional», y siendo capaces de transcribir a lenguaje concreto los mensajes que cada sentimiento nos traslada.

Quisiera pensar que a lo largo de estas líneas, algunas de las cosas que hemos considerado te hayan ayudado a congraciarte con ese compañero pesado, pero bienintencionado, que viene con nosotros a todas partes en el viaje. Él también está sujeto a cambios, claro, porque percibe mucho alrededor y se sabe responsable de intentar comunicártelo, con mayor o menor acierto.

Su función es agotadora y compleja, y haremos bien en tratarle con flexibilidad, procurando afinar cada vez más el oído para comprender sus mensajes, y llamándole al orden con firmeza y racionalidad cuando así corresponda, que será a menudo. Recuerda que eres tú quien viajas y que su papel es solo contarte lo que le va pareciendo el trayecto. No sería conveniente en ese caso entregarle el timón, ni hacerle creer que puede llevar la nave. Su acción y discurso no te muestran el norte, sino que te invitan a la reflexión y al diálogo con él.

De poco o nada sirve pelearse con el mensajero si es que no te gusta lo que te cuenta, ya lo has visto. Eliminarlo de la ecuación solo porque el mensaje, en ocasiones, es inquietante, hablaría de nuestra torpeza para entender cuál es su función; y sería, además, prueba irrefutable de nuestra inmadurez. Cuando algo no gusta, se afronta (si es que queremos superarlo), y no nos inventamos un escenario paralelo cada vez que algo nos incomode.

Evitar los malestares solo nos está sumiendo, cada vez más, en una epidemia de trastornos mentales y en la convicción —errónea desde todo punto de vista— de que podemos inventarnos el mundo en que vivimos y las leyes que lo regulan. Sin embargo, cuanto más tardamos en aterrizar en la realidad, sin embargo, más difícil nos resulta hacernos con la situación.

Nuestro paso por esta vida viene dotado de un abanico increíble de emociones que nos permiten —si aprendemos a manejarlas adecuadamente— vivirla de manera plena y sacar el máximo provecho de cada situación.

Toda emoción, nos guste su tono o no, cumple una o varias funciones. Nada es despreciable. Nos enseña, nos confronta, habla de lo que hay fuera, pero sin duda también de lo que somos por dentro... y en el camino podemos decidir qué haremos con ello:

+ si nos destruirá porque no coincide con nuestra mentalidad posmoderna que busca la felicidad a toda costa,

+ o, por el contrario, nos dará las pistas oportunas para crecer y seguir desarrollándonos, incluso en las situaciones más adversas.

¡Qué increíble contar con una herramienta como esta, que aunque ha de ser «traducida» a nuestro lenguaje cotidiano, puede darnos claves relevantes para movernos mejor cada vez! Recuerda: las emociones no son el enemigo, sino aliadas que «hablan raro». Si llegas a comprenderlas, aunque tengas que llorar a ratos, o enfadarte, o retirarte... te permitirán resolver situaciones y aspectos que, de otra manera, solo aparentarán estar zanjados, pero que vendrán como un efecto *boomerang* más adelante, y te encontrarán desconcertado y sorprendido.

¿Cómo cocinar y hacer un buen plato, entonces, cuando resulta que los ingredientes con los que contamos no son nuestros favoritos? Comprendiendo la función que cada uno cumple de cara a nutrirnos, dar sabor o textura... y enriquecer una vida que es hermosa, pero que ciertamente duele por momentos.

Hemos aprendido a interpretar, al menos en parte, el mensaje directo de cada emoción, esa carta que el mensajero nos trae y que, según sea, nos gusta más o menos:

+ La tristeza nos dice «algo no te gusta y necesitas un cambio».
+ La alegría «esto te encanta y vas a querer repetir».
+ El miedo te advierte «hay peligro», y te anima a descubrirlo.
+ Si estás enfadado, «tienes un problema... y es con alguien».
+ Cuando aparece la sorpresa, la clave es «¡atento a la novedad!»
+ y el asco nos recomienda, según la situación: «por si acaso, mejor no».

Al margen de que estas consignas son solo el comienzo de nuestro diálogo interno con las emociones, ¿no te parece que resulta del todo alentador poder saber de qué nos están hablando? Luego llegará el momento de hacerse preguntas:

+ ¿Qué?
+ ¿Por qué?
+ ¿Desde cuándo?
+ ¿Para qué?
+ Y, sobre todo, ¿cómo lo manejo...?

Ese será el mensaje difuso que tendremos que intentar descifrar, y todo llega si nos aplicamos a la tarea. Sin embargo, cuando sentimos que simplemente frente a nuestras emociones estamos como en una habitación a oscuras, nada de lo que debe pasar pasará.

En muchísimas ocasiones decidimos no enfrentar nuestras emociones —ni siquiera haciéndonos conscientes de ellas— para no sufrir, por eso decimos:

+ «No quiero crearme una depresión».

+ «¿Y si pierdo los nervios?».

+ «¿Qué pasa si lo que tengo que enfrentar puede conmigo?».

+ ... y otras muchas dudas legítimas, pero muy paralizantes también.

Si evadimos las emociones para no perder, perderemos sin duda:

+ Si no sientes dolor, no apartarás la mano del fuego.

+ Si no tienes fiebre, no sabrás que hay infección y tampoco la enfrentarás.

+ Necesitarás poner la alegría en su justo lugar para que no te lleve por delante, como les pasa a tantos hoy.

+ ... y así encontraremos un sinfín de situaciones en las que —por obvio que parezca— toca hacer lo que toca hacer, valga la repetición.

Escoger la acción específica correcta sobre cada situación nos supondrá hacernos cada vez más expertos en estas cuestiones. Como todo, mejora con el entrenamiento, pero creo que estamos preparados para poder enfrentarnos a una buena comida y que resulte nutritiva, aunque contenga ingredientes que no nos gusten en exceso.

Nadie puede subsistir en un cuerpo sano a base de chocolate y bollos. Requerimos de verduras, fruta y todo tipo de otros alimentos que, con todo y ser menos agradables al paladar, son justo lo que nuestro organismo necesita. De igual forma, nuestro cerebro sabe bien qué requiere para funcionar como un reloj bien sintonizado con la realidad, y cuando se lo proporcionamos, bien agradecido como es, nos hace saber que estamos escogiendo un camino que nos lleva al norte.

+ Quizá no tengamos aún la solución a ese cambio que nos pide la tristeza... pero el cerebro se dará cuenta de que nos estamos poniendo, al menos, manos a la obra para identificar dónde está el problema, y lo agradecerá por el momento con una leve mejoría que se sostendrá conforme sigamos cumpliendo con nuestro cometido de resolver el entuerto.

+ Tal vez no le demos todo el gusto al cuerpo en lo que a apetencias se refiere, pero habrá satisfacción en la medida y el autodominio, porque los excesos nos pasan factura.

+ Es posible que al afrontar las cosas, sigas con miedos razonables, pero la ansiedad desaparecerá conforme vas comprobando que ante los problemas reales tienes capacidad de reacción.

+ El enfado será el indicador de esas conversaciones incómodas, pero necesarias, que tendrás que decidir tenerlas si quieres llegar a una solución más justa.

+ La sorpresa te ayudará a enfrentarte a los cambios, y con cada abordaje y la disposición a flexibilizarte con ellos, descubrirás que tu arsenal de recursos crece y crece cada vez.

✦ Ya por último, a veces toca poner distancia. Es posible que el asco a veces sobrerreaccione un poco, pero en muchas ocasiones el rechazo que notamos nos advierte de cuestiones sutiles que nuestra conciencia no capta, pero nuestro inconsciente sí.

Convirtámonos con la práctica en los mejores chefs. Conozcamos nuestra despensa como nadie. Apliquemos creatividad a la solución de problemas, y hagámoslo con valentía y arrojo, para no dejarnos intimidar por las emociones.

Nos sentiremos mal a ratos, de acuerdo, pero si evitamos dejarnos llevar por una brújula que no es tal, y empezamos a interpretar bien las señales —contra el pronóstico que preveíamos—, podemos cocinar los mejores platos de nuestra vida.